DER WEG

EL CAMINO DEL FÚTBOL ALEMÁN

MARC MAYOLA

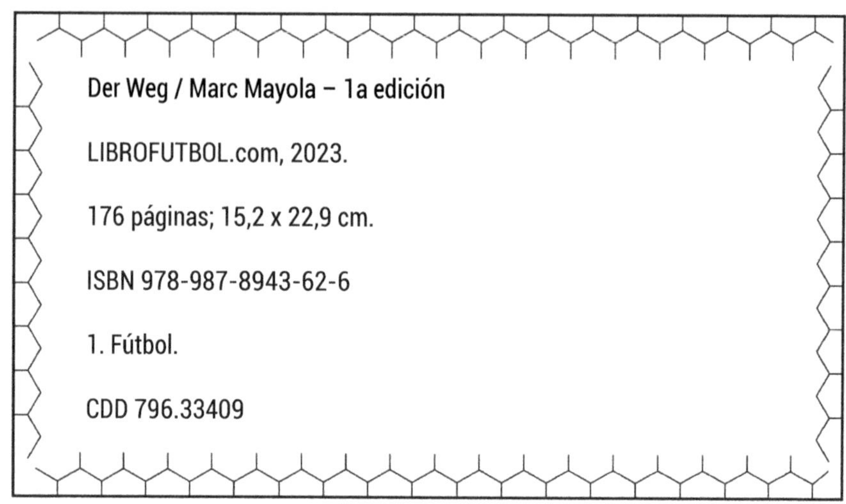

Der Weg / Marc Mayola – 1a edición

LIBROFUTBOL.com, 2023.

176 páginas; 15,2 x 22,9 cm.

ISBN 978-987-8943-62-6

1. Fútbol.

CDD 796.33409

DER WEG EL CAMINO DEL FÚTBOL ALEMÁN
de Marc Mayola

Cubierta: Luciano Medvetkin

ISBN 978-987-8943-62-6

1ª edición: marzo 2023

ediciones@librofutbol.com

+54 9 11 2215 1982

librofutbol

Av. del Libertador 6898–Núñez–Ciudad de Buenos Aires–Argentina

ÍNDICE

INTRODUCCIÓN

El libro que tienes en las manos se estructura en tres apartados. Dicen que los alemanes son ordenados y estructurados, ¿verdad? Pues este trabajo no iba a ser menos. En realidad, durante muchos pasajes del libro nos alejaremos de clichés y de ideas preconcebidas para adentrarnos en las profundidades del fútbol alemán, pero sí... el volumen tiene cierto esqueleto y es el siguiente: parte histórica, parte contemporánea y parte sociocultural.

En la fracción histórica hablaremos de los principales equipos y entrenadores que han marcado la trayectoria del fútbol alemán hasta la fecha. En el ámbito contemporáneo nos fijaremos en los conjuntos y técnicos que actualmente, o en los últimos años, lideran una revolución ideológica en el balompié europeo. Finalmente, en los aspectos socioculturales trataremos de explicar los motivos que hacen del fútbol alemán, y de sus clubes, una *rara avis* a nivel continental. Como mínimo entre las grandes ligas europeas, la Bundesliga y sus clubes significan un refugio para aquellos enamorados del fútbol de antaño, del fútbol popular y de raíz social. En el país germano, el juego, en gran medida, sigue siendo de los hinchas. Y estos no son clientes, como ocurre en otras partes de Europa, sino el vínculo afectivo que durante décadas ha convertido a este deporte en un fenómeno de masas como ningún otro.

PARTE HISTÓRICA

CAPÍTULO 1

SEPP HERBERGER Y EL MILAGRO DE BERNA

Alemania es una de las naciones futbolísticas más poderosas del mundo. Cuatro Copas del Mundo y tres Eurocopas contemplan a su selección, que tradicionalmente siempre ha destacado por su carácter competitivo. Sus participaciones en los Mundiales son buena prueba de ello. A los cuatro títulos (1954, 1974, 1990 y 2014) hay que sumarles cuatro subcampeonatos y la presencia en un total de trece semifinales (en doce de estas ocasiones Alemania terminó entre las tres primeras del certamen). Es algo único y el testimonio empírico de la extraordinaria competitividad de una selección que ha protagonizado alguna de las gestas más impresionantes de la historia del fútbol.

SUIZA 1954

Alemania volvía a disputar la fase final de una Copa del Mundo después de no poder participar en la anterior edición, Brasil 1950, porque tras la Segunda Guerra Mundial la Federación Alemana de Fútbol (DFB por sus siglas en alemán) no había sido todavía readmitida en la FIFA.

El combinado germánico, entrenado por Sepp Herberger, contaba con hasta cinco futbolistas del 1. FC Kaiserslautern. Los hermanos Walter (Fritz y Ottmar) lideraban la nutrida representación del entonces mejor equipo de Alemania. El Kaiserslautern había ganado dos campeonatos alemanes a principios de los cincuenta. Por aquel entonces todavía no se había fundado la Bundesliga y el título alemán se decidía en un formato de ligas regionales con fase final a nivel nacional. El Bayern, gran dominador histórico y actual del fútbol teutón, solo tenía un jugador en aquel equipo dirigido por Herberger (Hans Bauer).

La realidad es que los alemanes llegaban a la cita mundialista de Suiza con pocas esperanzas de salir campeones. Más allá de las penurias propias en todas las estructuras de un país que había perdido una guerra mundial hacía menos de diez años, el certamen reunía a selecciones que parecían mucho mejores que la alemana. Es el caso, por ejemplo, de su segundo rival en la fase de grupos, el Aranycsapat [Equipo de Oro], es decir, la selección de Hungría.

Equipo de oro (© Barrats - PA Images)

EL ARANYCSAPAT

El Equipo de Oro es uno de los conjuntos más formidables de la historia del fútbol. Los magiares mágicos de Gusztáv Sebes, con figuras de la talla de Ferenc Puskás, Zoltán Czibor, Sándor Kocsis, Nándor Hidegkuti, József Bozsik o Gyula Grosics, eran vigentes campeones olímpicos (Helsinki 1952) y llevaban cuatro años sin perder un partido. Dejaron exhibiciones para el recuerdo, como el 6-3 en Wembley contra Inglaterra del 25 de noviembre de 1953 (la primera vez que la selección inglesa perdía en casa ante un equipo no británico). Hungría también se exhibiría unos meses después en el partido del grupo 2 del Mundial de Suiza, que la enfrentaría contra Alemania Occidental. Es verdad que Herberger dejó a varios titulares fuera del once, pero Hungría ganó con tanta facilidad (8-3) que nada hacía prever el desenlace que tendría aquella Copa del Mundo.

Hungría y Alemania se volverían a encontrar en la gran final un par de semanas después. El partido empezó como todos suponían, 2-0 de los magiares mágicos en apenas ocho minutos de encuentro (Puskás y Czibor). Los alemanes no se rindieron y un par de minutos después descontaron con gol de Max Morlock, leyenda del 1. FC Núremberg. El estadio del club bávaro se llama así, Max-Morlock-Stadion. En el minuto dieciocho ya había empatado Helmut Rahn, joven talento del Rot-Weiss Essen que venía de ganar la Pokal el año anterior y que ganaría el campeonato alemán de la temporada siguiente en una final, precisamente, contra el Kaiserslautern de Fritz Walter y compañía.

El mismo Rahn fue el encargado, a seis minutos del final, de marcar el 3-2 que volteaba el marcador y que significaría la primera derrota de Hungría después de 32 partidos y cuatro años de invicto. El milagro de Berna supuso, también, un antes y un después en la moral de un país que necesitaba estímulos colectivos para superar la vergüenza del nazismo y reconstruirse tras el trauma humano, económico y social de la Segunda Guerra Mundial. Se explica bien en la película *Das wunder von Bern (El milagro de Berna)* de Sönke Wortmann.

Final 1954 (© Bongarts)

FRITZ WALTER

Fritz Walter, como capitán de aquella selección alemana, fue el encargado de levantar la antigua copa Jules Rimet. Walter nació un 31 de octubre de 1920 en Kaiserslautern y llegaba al Mundial de Suiza como todo un veterano, pues ya tenía 33 años. De joven trabajó en una caja de ahorros de la ciudad renana hasta que fue reclutado por la Wehrmacht. A los 18 años hizo su debut con el primer equipo del Kaiserslautern y en julio de 1940 se estrenó con la selección nacional.

La Segunda Guerra Mundial ya hacía meses que sacudía Europa y, aunque en un principio se le permitió a Fritz Walter continuar jugando, finalmente fue destinado primero a la región de Lorena y luego a Italia, a la isla de Cerdeña. Allí, en 1943, contrajo la malaria y, desde entonces, siempre lo pasó mal en climas cálidos. Pero durante la guerra a Walter también se le aparecieron dos ángeles de la guarda que tenían por nombre Sepp Herberger, su entrenador en la selección, y Hermann Graf, as de la aviación alemana y portero de fútbol. Graf, con la ayuda del seleccionador germánico, organizó los Cazadores Rojos (*Roten Jägern*), el equipo de la Luftwaffe, y reclutó a Fritz Walter.

Poco antes del final de la guerra, la unidad del coronel Hermann Graf se rindió a los estadounidenses, pero, para consternación de Fritz Walter y sus camaradas, todos fueron entregados a los soviéticos y llevados a un enorme campo de prisioneros en suelo rumano. Una vez más fue el fútbol lo que salvó a Fritz Walter, debilitado y deprimido por la enfermedad. Por casualidad, entró en contacto con hombres del personal de seguridad del campo que tenían un equipo y, con la tolerancia del comandante soviético, lo aceptaron en sus partidos.

Después de la Segunda Guerra Mundial Fritz Walter siguió jugando con el Kaiserslautern, ganó dos campeonatos de Alemania y hoy en día es reconocido como uno de los mejores futbolistas de la historia. A nivel internacional dejó su huella, sobre todo, en aquella final del 54 en el Wankdorf de Berna. El terreno de juego, embarrado por la lluvia en aquella tarde de verano, fue una bendición para la selección alemana puesto que, como consecuencia de su enfermedad, Walter se encontraba mucho mejor jugando con lluvia. Todavía hoy en Alemania, cuando las nubes amenazan tormenta antes de los partidos, se habla del *Fritz Walter wetter* (el tiempo Fritz Walter).

Fritz Walter (© Allsport – Hulton)

Hubo otro factor que, según las crónicas, tuvo cierta importancia en el desarrollo de la final y la sorprendente victoria de Alemania. Y en este punto aparece el nombre de Adolf *Adi* Dassler, fundador de la compañía Adidas junto a su hermano Rudolf. Antes del Mundial de Suiza, Adi Dassler diseñó, especialmente para la ocasión, los tacos recambiables. En parte, gracias a ellos, dicen, se obró el milagro. Los magiares resbalaban en el terreno empantanado, mientras los alemanes seguían de pie.

SEPP HERBERGER

Cuando Adi Dassler presentó su innovación a Sepp Herberger, el seleccionador nacional aceptó encantado. Herberger era una personalidad multifacética y carismática. En la propia DFB, al recordar su figura histórica, lo describen así: "Pedante y perfeccionista, dictador y déspota, amigo paternal y patrón estricto, indulgente e implacable, brusco y encantador, leal, confiable y sumamente preocupado por cada uno de los que amaba como si fueran sus propios hijos". Y Fritz Walter era uno de los que amaba. Tenían una relación estrecha y especial.

Herberger fue asistente y luego sucesor de Otto Nerz, el primer entrenador de la selección alemana. Nerz fue apartado del cargo después de la decepción en los Juegos Olímpicos de Berlín del año 1936. Ambos, Nerz y Herberger, fueron miembros del Partido Nazi (NSDAP). El primero murió después de la guerra como prisionero soviético en Sachsenhausen. Herberger solo fue considerado *mitläufer* (simpatizante) del III Reich durante la iniciativa de desnazificación.

Hijo de una familia pobre de Mannheim, el joven Josef ganó su primer sueldo en un taller mecánico. Debutó como jugador en el Waldhof de su ciudad natal y hasta fue internacional como futbolista, pero se convirtió en leyenda gracias a su papel como entrenador. Lideró a Alemania en cuatro Copas del Mundo. Incluso antes de las citas mundialistas había preparado a uno de los equipos míticos de las primeras décadas del siglo pasado, el Breslau-Elf. En mayo de 1937, Alemania goleó a Dinamarca (8-0) con jugadores legendarios como Fritz Szepan (Schalke), Otto Siffling (Waldhof Mannheim) o Ludwig Goldbrunner (Bayern). Herberger fue seleccionador desde 1936 hasta 1964. En el Mundial de Suiza supo tejer la estrategia indicada, tanto desde un punto de vista relacionado con el formato de competición —especulando incluso con la segunda posición en fase de grupos para evitar los cruces con las potencias suramericanas— como en lo que se refiriere a la preparación de la final contra Hungría, maniatando la capacidad creativa de los mejores futbolistas magiares.

La DFB dibuja a Sepp Herberger como "un talento intelectual natural, un autodidacta eficiente cuya sabiduría no estaba arraigada en libros ingeniosos. Con ingeniosa sencillez convirtió fórmulas vacías en fórmulas didácticas". Dejó citas célebres como las siguientes:

"La pelota es redonda y el partido dura 90 minutos".

"El fútbol es por este motivo emocionante porque nadie sabe cómo terminará el partido".

"El próximo partido es siempre el más difícil".

"La portería está en el medio".

"El balón es nuestro intérprete".

"El jugador más rápido es la pelota".

O "Después del partido es antes del partido". En alemán: "Nach dem Spiel ist vor dem Spiel". Una frase que todavía hoy utilizan los clubes alemanes para zanjar una jornada y empezar a pensar en el siguiente compromiso competitivo.

Así, pues, Sepp Herberger fue el artífice de una de las finales más sonadas de la historia de los Mundiales, la que significó la inesperada derrota de los magníficos magiares. Es un buen ejemplo para tumbar el cliché que sentencia: "La historia solo se acuerda del campeón". No es verdad. La historia se acuerda de muchas cosas, y la Hungría del 54, a pesar de perder aquella final contra Alemania, es reconocida de manera general como uno de los mejores equipos de siempre. Ocurre lo mismo con otra selección que veinte años más tarde volvió a perder una final contra Alemania.

Herberger (© Schirner)

CAPÍTULO 2

HELMUT SCHÖN Y LA ALEMANIA DE LOS SETENTA

La selección de Hungría de los cincuenta era la viva expresión de la escuela danubiana de fútbol, una corriente estilística que, para resumirlo de manera gráfica y transfronteriza, empezaron los escoceses con su *passing game* y luego desarrollaron en la Europa Central entrenadores británicos amantes del estilo como Jimmy Hogan.

Un par de décadas después del Equipo de Oro serían los Países Bajos de Rinus Michels y Johan Cruyff, la Naranja Mecánica, los encargados de coger el testigo. Eso fue en 1974. Pero no vayamos tan deprisa.

EL WEMBLEY-ELF

Un par de años antes, en 1972, Alemania ganó su primera Eurocopa. Lo hizo con buena parte de los jugadores de un equipo formidable, el Wembley-Elf (El once de Wembley). El partido en cuestión nos permite viajar al antiguo templo inglés. Era un 29 de abril del año 1972. Inglaterra y Alemania se enfrentaban en el partido de ida de los cuartos de final de la fase de clasificación. En aquel en-

tonces la Eurocopa se decidía en una *final four*, para entendernos, en sede única. Solo una de las dos, Inglaterra o Alemania, llegaría a Bélgica.

Ya en la primera acción del partido, el carismático Paul Breitner y Sigfried Held, jugador del modesto Kickers Offenbach, tirarían una pared para progresar hacia campo contrario. Una vez allí, Alemania combinaba con pases cortos y desdibujaba la estructura defensiva inglesa con una movilidad apabullante.

Gerd Müller se alejaba de los centrales y se dejaba caer al círculo central ofreciendo constantemente la descarga de espaldas. Uli Hoeness... ¿Uli Hoeness de qué jugaba? No sabría decirte. En teoría de interior o de segunda punta en la derecha (Grabowski era el extremo), pero aparecía por la izquierda, por dentro y en cualquier sector del campo para ofrecer una ayuda al compañero y tejer alguna superioridad, ya fuera numérica o socio-afectiva. Incluso los centrales, Schwarzenbeck y Beckenbauer, cambiaban de perfil en el eje de la defensa. El capitán, como siempre, conduciendo con una elegancia bellísima, como si fuera un cisne. Beckenbauer superaba líneas, o las dividía, con su magnífica inteligencia táctica. A menudo se presentada cerca del área contraria para tirar su clásica pared con Müller u orientar el último tramo del ataque.

BECKENBAUER Y NETZER, MOTORES DE JUEGO

Franz Beckenbauer era, a la vez, motor de juego primario y motor de juego secundario. Veamos, para entenderlo mejor, la definición que hace de estos conceptos el entrenador Ricardo Zazo en la revista *The Tactical Room*:

> Motor de juego primario se puede entender como aquel jugador que vehicula y vertebra la organización espacio-temporal de sus compañeros gracias al volumen de juego —eligiendo el tipo de despliegue de su equipo, ya sea por una banda u otra— y a la Velocidad de Balón requerida —decidiendo el ritmo al que debe organizarse—. Son jugadores que llevan el peso del equipo en ataque en fase de iniciación.

Un motor de juego secundario es el que permite la continuación del desarrollo creado por el motor de juego primario y facilita, gracias al caudal de juego elaborado, asentar la zona de ataque. Hay que remarcar un hecho importante: casi ningún motor de juego secundario puede ser motor de juego primario, básicamente porque sus nociones de conocimiento de juego son menores y cumplen su función a partir de la creación de otro. Ni mejor ni peor, igual de necesarios.

La magnífica descripción de Ricardo Zazo permite imaginar que, quizás por su extraordinario conocimiento del juego, Franz Beckenbauer se comportara sobre el campo como motor primario y secundario, y pudiera ejercer con asombrosa facilidad ambos roles. En cualquier caso, él y Günter Netzer se repartían los papeles. El cerebro del gran Borussia Mönchengladbach ejercía también como tal en aquella selección. En Wembley, ante Inglaterra, bajaba a la raíz de la jugada, casi en la teórica posición del central, para iniciar las acciones ofensivas. Beckenbauer y Netzer marcaban el ritmo y dirigían las operaciones. Ambos podían situarse en la primera plataforma de la jugada para encontrar a compañeros más adelantados o directamente internarse en campo contrario con elegantes —en el caso de Beckenbauer— o voraces —en el de Netzer— conducciones que ya establecían a su equipo en el último tercio.

Netzer y Beckenbauer (© Schirner)

El partido tiene una jugada, en el tramo final de la primera parte, que es una maravilla; una triangulación en campo propio entre Beckenbauer-Netzer-Breitner —que entonces estaba jugando en la derecha, pero viene hacia dentro—. Ofrecen progresión ubicados en diagonal, a distintas alturas, y combinando con sutileza. El duelo también tiene una fabulosa colección de detalles técnicos como, por ejemplo, el tacto con el exterior de la bota de esos mismos tres jugadores (Beckenbauer, Netzer y Breitner).

Alemania se adelantó con un gol de Hoeness antes de la media hora. En la segunda parte, Inglaterra tuvo momentos en los cuales inquietó la portería de Sepp Maier con un fútbol muy directo y fiereza en los centros laterales. En un contraataque, el equipo local consiguió el tanto del empate. En los últimos minutos, no obstante, Netzer, de penalti, y Müller, con el 3-1, dieron la victoria a Alemania. El gol del 9 llegó después de una carrera serpenteante de Hoeness. Puso la pausa en la frontal y conectó con Müller; control con la izquierda, giro marca de la casa y chut con la derecha.

El partido, la primera victoria de una selección alemana en Inglaterra, fue escogido en la revista *Sport Bild* como "el más grande de todos los tiempos" entre 842 partidos de la selección. Fue en 2011 (correcto, no había llegado Brasil 2014).

Además, por encargo de la revista *11 Freunde*, científicos de la Deutsche Sporthochschule de Colonia analizaron los partidos de las selecciones nacionales entre el periodo 1958-2010. Determinaron que aquella tarde, en Wembley, Alemania hizo correr el balón a 2,9 metros por segundo, un valor que se situó por encima de la media del Mundial Sudáfrica 2010. Casi 40 años antes, aquel equipo alemán era capaz de jugar a la pelota más rápido que los jugadores del futuro.

Alemania e Inglaterra empataron en el partido de vuelta. Así pues, la brillante selección entrenada por Helmut Schön se presentaba a la fase final de aquella Eurocopa en Bélgica.

HELMUT SCHÖN

Alemania se deshizo en semifinales de la anfitriona con dos goles de Gerd Müller, y en la final le ganó a la Unión Soviética con dos goles más de la leyenda y otro de Wimmer. La selección alemana era campeona de Europa por primera vez. Pero esto no quedaría aquí. Dos años más tarde, en 1974, Helmut Schön volvería a liderar a los alemanes a un triunfo histórico —serían los primeros en ganar consecutivamente Eurocopa y Mundial—.

Helmut Schön era bastante divertido, bromista, ingenioso, galante. Así lo describe la propia DFB. No parecía estar precisamente destinado para el papel de seleccionador nacional, según sus críticos. Era demasiado sensible, incluso como jugador, demasiado hipersensible, demasiado susceptible al más mínimo atisbo de duda.

No obstante, ya como jugador fue bicampeón de Alemania y de copa con el Dresdner SC de su ciudad natal. Más tarde, como entrenador, dirigió a la selección del Sarre. En aquella época, aunque de fuerte sentimiento nacional alemán, el territorio era un protectorado francés (1947-1956). Consecuencias de la Segunda Guerra Mundial. El Sarre tenía selección propia y un joven Helmut Schön era su entrenador. Curiosamente jugó la fase de clasificación para el Mundial de Suiza 1954 contra la Alemania de su mentor, Sepp Herberger. El técnico campeón en Berna 1954 formó, en la Deutsche Sporthochschule de Colonia, al entrenador que luego fue campeón en *Múnich* 1974.

Antes de eso, Schön ya había cogido el testigo de Herberger para el Mundial de Inglaterra 1966. Alemania llegó a la final, donde perdió contra el equipo anfitrión en el partido con el gol fantasma más famoso de la historia. Cuatro años después, en México, Alemania volvería a pisar semifinales. Allí perdió contra Italia, en el Azteca, 4-3 después de una prórroga increíble. Fue 'el partido del siglo'.

En 1972, Alemania se corona campeona de Europa con un fútbol precioso y preciosista. Era una manera de jugar que casaba perfectamente con el ideal esteta de Helmut Schön. Luego las esperanzas estaban puestas en el Mundial en casa. El conjunto de

Schön titubeó. En la primera fase de grupos incluso perdió contra la República Democrática Alemana en un duelo cargado de tintes políticos. Después Alemania Federal superó la segunda fase gracias a un partido decisivo contra, probablemente, la mejor Polonia de siempre.

Schön (© Werner Baum)

LA FINAL DE 1974

La final, en el Olímpico de Múnich, enfrentaba a la Alemania de Beckenbauer contra la Holanda (Países Bajos) de Cruyff. Como había ocurrido 20 años antes en Berna contra el Equipo de Oro, Alemania tenía el reto de superar al equipo que en aquel momento era la medida de todas las cosas. La Naranja Mecánica había pasado por encima de sus rivales con un fútbol total harmónico y brioso. Especialmente espectacular fue la goleada ante Argentina (4-0).

Literalmente, en la primera jugada del partido, sin que ningún futbolista alemán hubiera entrado todavía en contacto con el balón, Johan Cruyff vino a recibir. Tenía a todos los jugadores por delante, compañeros y rivales, a excepción de su portero. Hizo un eslalon fulgurante y provocó el penalti de Hoeness. Gol de Neeskens (0-1 en el minuto 2). Poco después, el lateral derecho alemán, Berti Vogts, se ganó la amarilla. Lateral derecho porque era su teórica posición. En realidad, el jugador del Borussia Mönchengladbach se encargó, a partir de entonces, de perseguir a Cruyff donde fuera. Un marcaje al hombre agresivo y asfixiante. El capitán de los Países Bajos, ya jugador del Barcelona, frenaba y arrancaba, y aparecía por todos los sectores del campo. Sus compañeros se ordenaban en función de su posición. En realidad, él iba ordenándolos con una magnífica interpretación del juego.

Pero Alemania no se rindió. Si el mito de un equipo que nunca baja los brazos y que no hay que dar jamás por muerto nació en Berna, en 1954, este creció gracias a la final de Múnich. El equipo dirigido por Helmut Schön empezó a jugar, y de qué manera... todos los ataques empezaban en las botas de Franz Beckenbauer. Su toque con el exterior, delicioso, servía para conectar con Overath, directamente con Müller o, en la mayoría de los casos, con Hoeness. La combinación entre las dos leyendas del Bayern, y años después también presidentes del club bávaro, fue el principal argumento constructor de Alemania durante muchos minutos.

Luego el equipo de Schön supo añadir otros ingredientes; los extremos del Eintracht Frankfurt, Bernd Hölzenbein y Jürgen Grabowski empezaron a desequilibrar. El primero provocó el penalti que supuso el empate de Breitner en el minuto 25. Todavía antes del descanso pasarían más cosas. Sepp Maier evitó el gol de Holanda en una contra. Fue cinco minutos antes de la acción decisiva del partido: todos los jugadores de Alemania reculaban, viendo la conducción de un rival, hasta que Beckenbauer dijo basta. El Káiser abrió los brazos para marcar la línea y la intención defensiva. El balón acabó en las manos de Maier, que inició la transición al ataque. Hoeness bajó su posición para conducir y combinar con el extremo, Grabowski. El dorsal 9 de Alemania —Müller llevaba el 13—, arrastró marca lejos de la posición natural del extremo. Rainer Bonhof, demostrando una excelente inteligencia táctica, sorprendió rompiendo al espacio que había liberado Grabowski, que lo vio y lo puso a correr. Bonhof se internó al área y superó a un rival con un gran *dribbling*. Centró a Müller, que controló el balón y clavó tacos antes de girar en su clásica maniobra cerca de portería. Era el 2 a 1 en el minuto 43. El marcador ya no se movería más.

RFA - Países Bajos, 1974 (© Syndication-Mirrorpix)

En la segunda parte le anularían al mismo Müller otro gol por un fuera de juego inexistente. Estaba habilitado, tranquilamente, por unos dos metros. Es verdad que, a medida que se acercaba el final del partido, Holanda iba acentuando un dominio que no había tenido durante buena parte de la primera mitad. En los últimos veinte minutos, sobre todo, la selección de *Rinus Michels* obligó a Alemania a defender su área con fiereza. En esos momentos el equipo local solo encontraba vías de escapatoria con las largas y portentosas conducciones de Hoeness. Sepp Maier se hizo gigante entre palos y Johnny Rep perdonó un par de ocasiones muy claras.

Al final, con el silbido del árbitro, Alemania gana la Copa del Mundo y completa un ciclo fantástico (Eurocopa y Mundial) que no tuvo continuidad en 1976, en forma de título, porque perdió la final del campeonato de Europa contra Checoslovaquia. Fue la final de la tanda de penaltis que pasó a la historia por el lanzamiento de Antonín Panenka. Helmut Schön todavía dirigió a Alemania en el Mundial de Argentina 1978.

Buena parte de los jugadores más importantes del combinado nacional en aquella época eran futbolistas de dos de los mejores equipos de la década; Bayern Múnich y Borussia Mönchengladbach. En la convocatoria del Mundial que ganan en casa, por ejemplo, había siete jugadores del Bayern y cinco del Borussia.

CAPÍTULO 3

LA PRIMERA GRAN RIVALIDAD DEPORTIVA

Mientras la selección de Alemania edificaba su condición de equipo ganador y siempre competitivo, dos clubes del país germano hacían lo propio en la Bundesliga y las competiciones europeas. El Bayern Múnich y el Borussia Mönchengladbach fueron los grandes dominadores del campeonato local durante la década de los setenta. Además, el Bayern pudo trasladar este dominio al ámbito continental. La todavía tierna Bundesliga —nació en 1963— no había tenido, hasta la fecha, un claro jerarca: Colonia, Werder Bremen, Múnich 1860, Eintracht Brunswick y Núremberg se habían repartido los primeros cinco campeonatos. El Bayern ganó el de la temporada 68/69, el primer doblete en la historia del club, con Branko Zebec en el banquillo. Empezó aquí el tuya-mía entre bávaros y renanos.

EL FOHLENELF

El Borussia Mönchengladbach estaba construyendo un equipo que quedaría en la memoria colectiva como un conjunto alegre, dinámico, atrevido y eléctrico. Sería uno de los colectivos más admirados de la década, *die fohlenelf*. Los potros del Borussia —el

nombre en latín del antiguo reino de Prusia— ganaron ocho títulos durante aquellos años: 5 Bundesligas (1970, 1971, 1975, 1976 y 1977); la DFB Pokal de 1973 y las Copas de la UEFA de los años 1975 y 1979. A todo ello, el Borussia disputó tres finales continentales más durante la década de los setenta, incluyendo el partido decisivo por la Copa de Europa de 1977 contra el Liverpool.

El Borussia fue el primer equipo en defender título en la recién creada Bundesliga y el segundo, y hasta la fecha único club más allá del Bayern, en ganar tres campeonatos seguidos. La lista de grandes jugadores que tuvo el club durante aquella época es casi interminable: Berti Vogts, Rainer Bonhof, Herbert Wimmer, Günter Netzer, Jupp Heynckes, Herbert Laumen, Uli Stielike, Allan Simonsen, Henning Jensen, Bernd Rupp, Hans-Jürgen Wittkamp, Carsten Nielsen o incluso un jovencísimo Lothar Matthäus, que llegó al club en verano del 1979, con 18 años, procedente del 1.FC Herzogenaurach (el equipo de la pequeña ciudad bávara sede de Adidas).

En las competiciones internacionales, el club renano se granjeó la fama de 'grande' gracias a sus magníficas participaciones en la Copa de la UEFA y la Copa de Europa. El equipo, liderado por un pletórico Jupp Heynckes, ganó la UEFA del 1975 de goleada en goleada. El delantero alemán, que posteriormente también sería leyenda por su trabajo como entrenador, terminó aquella competición con once goles. Cuatro años después, el goleador fue el danés Allan Simonsen, con nueve tantos. El Borussia volvió a ganar la competición superando al Estrella Roja de Belgrado en la final. Un año más tarde, en 1980, y ya con Heynckes en el banquillo, el club se quedó a las puertas de defender título al caer en una final 100% alemana contra el Eintracht Frankfurt. Esta Copa de la UEFA, la de la temporada 79-80, fue un signo de exclamación del fútbol teutón. Los cuatro equipos semifinalistas eran conjuntos de la Bundesliga: Borussia, Eintracht, Bayern y Stuttgart. Además, el quinto representante de Alemania Occidental en el torneo, el Kaiserslautern, llegó hasta los cuartos de final, siendo eliminado, en un duelo fratricida, por el Bayern.

En total, pues, el Borussia disputó cinco finales europeas durante la década de los setenta: los triunfos en 1975 y 1979, las derrotas en la misma Copa de la UEFA de los años 1973 y 1980, y el subcampeonato de Europa de 1977.

Mönchengladbach 70 (© Getty Images)

LA FINAL CONTRA EL LIVERPOOL

Después de tres triunfos consecutivos del Bayern en la competición reina del fútbol europeo (74-76), el Borussia tenía la oportunidad de ampliar el dominio germano. No obstante, el partido disputado en Roma el 25 de mayo de 1977 terminaría marcando el inicio del reinado inglés. Los equipos de la actual Premier League ganaron seis Copas de Europa de manera consecutiva hasta que la aparición de otro gran conjunto alemán, el Hamburgo de Ernst Happel, puso punto y final a la racha.

Sea como fuere, el Borussia llegaba a aquella final después de apear a Austria Viena, Torino, Brujas y Dinamo de Kiev. El conjunto ucraniano, soviético en los años que nos ocupan, era un verdadero equipazo del momento. El Liverpool, que todavía no había ganado la máxima competición continental, pero que ya sumaba dos ligas inglesas consecutivas, era el último escollo.

El partido fue incómodo desde el principio para el equipo alemán. La movilidad y las recepciones entre líneas de Kevin Keegan

no dejaron al Borussia desplegar su habitual juego ofensivo, a pesar de la energía desbordante de un hiperactivo Uli Stielike. Una contra que inició él mismo terminó con un chut al palo de Rainer Bonhof. Fue la ocasión más clara del Borussia en la primera parte. Poco después, una magnífica jugada de Steve Heighway, conduciendo hacia dentro en diagonal, terminó con un buen pase del irlandés a Terry McDermott, que no perdonó ante el portero alemán (1-0).

El Liverpool bailó al son del dulce y sinuoso Keegan, pero a la vez mantuvo un excelente comportamiento defensivo. El equipo inglés se impuso en una faceta del fútbol que todavía hoy es de vital importancia, los duelos individuales. Sobre todo en la primera parte, los jugadores del equipo entrenado por Bob Paisley se mostraron fortísimos en el cuerpo a cuerpo, recuperando balones con tremenda facilidad.

Simonsen driblaba, pero demasiado lejos del arco rival. Hasta que en los primeros compases de la segunda parte el danés supo ganar un balón muerto cerca de la frontal y cruzarla al palo largo con un tremendo disparo (1-1). Fueron minutos de frenesí en el Borussia, que tuvo un par de acercamientos más. El partido se descosió por momentos, pero los alemanes supieron encontrar una alternancia de ritmos muy interesante. Una jugada bien trenzada en ataque posicional fue el preludio de un feroz contragolpe que desembocó en una conexión entre Simonsen y Stielike, pero este se topó con Ray Clemence. En cuestión de minutos, Tommy Smith marcó el segundo del Liverpool a la salida de un córner (2-1).

El gol fue una jarra de agua fría importante para un Borussia que no supo reaccionar. Ya en el tramo final, un penalti sobre Keegan, tras suntuoso *dribbling* y conducción del inglés, supuso el 3-1 definitivo de Phil Neal. El Liverpool, como en la final de la Copa de la UEFA de 1973, volvía a superar a un gran Borussia. Kevin Keegan, después de su magnífica final contra el conjunto alemán, fue fichado por el Hamburgo en un traspaso que significó una gran revolución en aquel momento.

UDO LATTEK

El entrenador del Borussia subcampeón de Europa era Udo Lattek, eminencia de los banquillos. Nació en Bosemb, Prusia Oriental, en el año 1935. Expulsada de su tierra natal durante la II Guerra Mundial, la familia de Lattek se estableció en Renania. Profesor, estudiante de matemáticas y de física, jugó en el Bayer Leverkusen y en el VfL Osnabrück. Nada comparable a su carrera como entrenador.

Udo Lattek (© Banco Imago)

8 Bundesligas, 3 Copas de Alemania y los tres grandes campeonatos a nivel internacional —Copa de Europa, Copa de la UEFA y Recopa de Europa— figuran en el palmarés de Udo Lattek. También entrenó al Bayern, donde ganó tres ligas consecutivas en dos periodos de tiempo distintos (72-74 y 85-87). Al final del primero, levantó la Copa de Europa de 1974. A la conclusión del segundo, su equipo fue subcampeón de Europa (1987). Con el club de Múnich también ganó sus tres copas. Además, lideró al Borussia hacia la consecución de dos Bundesligas, una Copa de la UEFA y la final de la Copa de Europa ante el Liverpool. En Barcelona, donde tuvo problemas con Maradona y Schuster, ganó la Recopa, que le permitió completar su colección de títulos europeos.

"La gran época del Bayern empezó con él", dijo en su día Uli Hoeness, quien fue su jugador y luego su jefe, ya como mánager del club. El entrenador de origen prusiano llegó a Múnich en el año 1970 por recomendación de Franz Beckenbauer, que lo conocía de la selección. Lattek fue asistente de Schön en el Mundial de cuatro años antes, cuando Alemania cayó en la polémica final de Wembley ante Inglaterra. Enseguida, como ocurre a veces con los entrenadores de equipos históricos, se menospreció su papel como técnico. Se llegó a decir que una plantilla con jugadores de la talla de Maier, Beckenbauer o Müller no necesitaba entrenador. Se escribió que el Bayern, donde componían Mozart y Beethoven, por fin tendría un operador adecuado para, solamente, pasar las páginas de las partituras.

A juzgar por alguna de sus reacciones, parece que le daban absolutamente igual estas opiniones externas: "Todo el mundo puede entrenar como yo. El arte reside en ver qué jugador necesita un cumplido y quién una patada en el trasero". En efecto, su relación con los jugadores era muy cercana y se basaba en una absoluta confianza entre ellos. Sepp Maier dijo: "Era como un jugador número 12. Nunca lo vi como un entrenador, más bien como un amigo". Gran motivador y campeón de la retórica, algunos abordan la figura de Jürgen Klopp como un Lattek del siglo XXI.

El legendario entrenador también trabajó para el Dortmund, el Colonia y el Schalke. Más allá de sus capacidades sociales, una vitrina llena de títulos y el nivel de los equipos que dirigió hablan nítidamente de sus conocimientos futbolísticos y de su legado como técnico. Murió a los 80 años, enfermo de párkinson y alzhéimer.

HENNES WEISWEILER

Udo Lattek era considerado el discípulo de Hennes Weisweiler, de quien recibió importantes enseñanzas en la academia de Colonia. De hecho, fue Weisweiler quien recomendó a la DFB incorporar a Lattek a su estructura técnica. Estamos hablando, sin temor a equivocarnos, de los dos entrenadores más importantes en la historia del Borussia Mönchengladbach. Uno, como hemos explicado, también fue icono del Bayern y el otro, capital en el Colonia. Weisweiler empezó allí su carrera como técnico. Su manera de entender el fútbol marcó una época: "La finalidad de este deporte es marcar más goles que el rival, no encajar menos que él". De clara vocación ofensiva, la propuesta proactiva de Weisweiler conquistó rápidamente al público.

Hennes Weisweiler (© Rust-ullstein)

En 1964, el entrenador se presentó a las oficinas del Borussia Mönchengladbach con su destartalado Opel Rekord. Convenció al presidente del club, Helmut Beyer, aunque el motivo que esgrimió el mandatario fuera cuanto menos pintoresco: "Le contraté porque se llamaba como mi profesor de matemáticas, que era muy bueno". En realidad, había sido recomendado por Sepp Herberger. ¿Os acordáis? El seleccionador del milagro de Berna. La historia del fútbol alemán es como un gran hilo que va entrelazando episodios. Empezaba así la que sería la mejor era en la centenaria trayectoria del club renano: 3 Bundesligas, 1 Pokal y 1 Copa de la UEFA. Y las bases para que Udo Lattek siguiera escribiendo memorables páginas con el conjunto *borusser*.

Después de once gloriosas temporadas en el Borussia, Hennes Weisweiler fichó por el Barcelona. Allí también tuvo problemas, como su discípulo Udo Lattek. De hecho, el técnico alemán protagonizó conflictos con las superestrellas y los futbolistas que, ya en aquella época, encarnaban el papel de divos. Se las tuvo con Netzer en Mönchengladbach y, en Barcelona, no fue santo de la devoción de Johan Cruyff. La directiva del club catalán respaldó al genio neerlandés y Weisweiler entendió que su tiempo en el club había terminado.

Volvió a Colonia para ganar el primer y único doblete en la historia del club (1978), fue campeón en los Estados Unidos con el New York Cosmos y se despidió de los banquillos levantando liga y copa suiza con el tradicional Grasshopper Club Zürich. Murió un par de semanas después de conquistar el doblete en el país helvético. Su lápida reza: *Ein leben für den fußball* (Una vida dedicada al fútbol).

Pero por encima de todos sus éxitos como entrenador, Hennes Weisweiler destacó por su faceta como formador. Fue un entrenador de entrenadores. Por sus manos pasaron más de 250 técnicos, muchos de los cuales hicieron carrera en los banquillos luego de su etapa como futbolistas: Berti Vogts, Rainer Bonhof, Ulli Stielike, Jupp Heynckes, Winfried Schäfer o Horst Köppel. La escuela de deportes de Colonia, donde impartió sus clases, fue bautizada en 2005 como Hennes-Weisweiler-Akademie.

Borussia y Colonia, los clubes donde hizo carrera Weisweiler, todavía lo recuerdan a su manera; el Borussia-Park está ubicado en la Hennes-Weisweiler-Allee, mientras que la mascota del Colonia —la cabra Hennes—, se llama así en honor al mítico entrenador. Lo explica la página oficial de la Bundesliga:

> Tan solo dos años después de la fundación del club, el 13 de febrero de 1950, un circo que pasaba por la ciudad decidió hacerles una broma y les regaló una cabra. El club aceptó la broma y adoptó a la mascota, eligiendo como padrino al ex

DT Hennes Weisweiler. Su importancia empezó a crecer y en 1954 se incorporó su figura a la camiseta del club.

UN GIGANTE EMERGE DE LA NADA

Lattek y Weisweiler son figuras de una época en la que se forjó la primera gran rivalidad deportiva de la Bundesliga. Fue, curiosamente, gracias al potencial y al crecimiento de dos clubes que no pudieron participar en las dos ediciones iniciales del campeonato alemán unificado. Bayern y Borussia no consiguieron su ascenso a la Bundesliga hasta el año 1965. A partir de aquí, ambos escribieron historia. Hemos repasado la del conjunto de Renania del Norte-Westfalia. Ahora hablaremos de los hitos del Bayern y de cómo un club condenado a vivir a la sombra de su rival ciudadano se convirtió en mito y referencia mundial.

El Bayern ya había ganado un campeonato alemán en el año 1932, unos meses antes de la llegada de Hitler al poder. El III Reich, de todas formas, pasó una enorme factura a un club presidido y entrenado por dos personalidades judías —Kurt Landauer y Richard Kohn—. Sus estructuras quedaron especialmente maltrechas como consecuencia de la II Guerra Mundial. Entonces, Landauer volvió de su exilio para iniciar la reconstrucción de la entidad. Supo recuperar de manos americanas los terrenos de la *Säbener Straße*, el cuartel general del club y donde todavía se entrena el primer equipo.

El histórico presidente del Bayern también trabajó para restaurar el *Städtisches Stadion an der Grünwalder Straße*, el campo municipal destruido durante el conflicto bélico y que era sede de los partidos del Bayern. Fue el hogar de los campeones de 1932 y el recinto que vio el nacimiento del gran Bayern de los setenta. El segundo equipo del club, el Amateure, todavía juega en el Grünwalder.

Sea como fuere, el gran rival ciudadano del Bayern, el TSV 1860 Múnich, estaba mejor posicionado como entidad durante los años de la dura posguerra. Tan es así que los leones sí que pudieron participar en la edición inaugural de la Bundesliga como representan-

tes de Múnich. Ganaron el título en el año 1966, coincidiendo con la primera temporada del Bayern en la máxima categoría del fútbol alemán. Todo hacía indicar que el 1860 se convertiría en el equipo más importante de la capital bávara, pero el Bayern tenía un plan.

EL EJE LEGENDARIO

El actual *rekordmeister* del fútbol germánico había conseguido el ascenso a la Bundesliga vertebrando su equipo alrededor de un eje que terminaría siendo legendario: Sepp Maier, Franz Beckenbauer y Gerd Müller. En el momento de la promoción a la máxima división, el portero tenía 21 años. Beckenbauer y Müller, solo 19. Los goles de Rainer Ohlhauser, la habilidad de Dieter Brenninger o el liderazgo de Werner Olk también contribuyeron enormemente a dicho ascenso, pero el proyecto pasaba por el eje Maier-Beckenbauer-Müller.

Müller, Maier, Beckenbauer (© Fred Joch)

A los tres juveniles integrantes del eje se fueron sumando jugadores formidables, y todos de la zona: Franz *Bulle* Roth, Hans-Georg *Katsche* Schwarzenbeck, Paul Breitner o Uli Hoeness. Roth, un toro en el centro del campo de terrible chut, siempre marcaba en las finales europeas (Recopa de 1967/Copas de Europa de 1975 y 1976). Schwarzenbeck, inseparable compañero de Beckenbauer en el eje de la zaga, está claramente entre los mejores centrales de la historia.

Hagamos un apunte aquí para hablar de eso que ahora está tan de moda entre los defensores y que a menudo piden los entrenadores de equipos proactivos: dividir. En eso mismo, Katsche era imparable. Cruzaba el centro del campo, dividía y superaba líneas con una potencia arrolladora. Ocurre que su cercanía con el Káiser, geográfica e histórica, ha ensombrecido su extraordinario valor. A él, sencillo y humilde por naturaleza, le importa lo más mínimo. Una vez retirado del fútbol, donde lo ganó todo a nivel de clubes y de selección, fue feliz regentando su pequeño quiosco en el centro de Múnich.

Breitner, el futbolista rebelde que leía a Mao, fue en el Bayern lo que hoy se conoce como un lateral constructor. Creativo y talentoso, podía dominar el partido desde su teórica posición de lateral izquierdo. Un adelantado a su tiempo. Hoeness, con el paso de los años *pater familias* del club, fue uno de los mejores extremos de la década de los setenta. Sus conducciones, elegantes pero extremadamente portentosas, sembraban el terror en el rival.

El Bayern logró el ascenso y su primer título internacional, la Recopa de 1967, con Zlatko *Tschik* Cajkovski en el banquillo. Luego llegó el primer doblete en la historia del club (1969). El equipo estaba dirigido por Branko Zebec, natural de Zagreb como Cajkovski y medalla de plata junto a él en los Juegos Olímpicos de Helsinki 1952 —Yugoslavia perdió la final ante la Hungría de los mágicos magiares y Zebec fue el máximo goleador del torneo—.

Tras estos triunfos, el Bayern llegó a la cima del fútbol europeo ya con Udo Lattek como entrenador. Con él en el banquillo, el equipo de Múnich se impuso al Atlético de Madrid en la recordada final

de Heysel (1974). Un gol de Schwarzenbeck en el último minuto de la prórroga, con tremendo chut de larga distancia, igualó el tanto de falta que Luis Aragonés había anotado seis minutos antes. La final tendría que decidirse dos días después en un partido de desempate. Gerd Müller y Uli Hoeness, con dos goles cada uno a cuál más bonito, dictaron sentencia (4-0).

Lattek se fue al Borussia y en su lugar llegó Dettmar Cramer. Con él, el Bayern completó el *hat-trick* de Copas de Europa (74/75/76) y ganó la Intercontinental de 1976 ante Cruzeiro. Cramer, con una dilatada experiencia en los rincones más inhóspitos imaginables, terminó siendo una suerte de evangelizador del fútbol en diversas latitudes del globo terráqueo: Egipto, Arabia Saudí, Estados Unidos, Malasia, Tailandia, Corea del Sur... en Japón, Cramer es considerado el padre del fútbol moderno.

En el decenio que va de 1966 a 1976, el equipo de Múnich ganó 4 Bundesligas, 4 Copas de Alemania, 3 Copas de Europa de manera consecutiva, 1 Recopa y 1 Copa Intercontinental. El Bayern del eje legendario empezó en Segunda División y terminó sentando las bases del mito que hoy envuelve al club.

GERD MÜLLER

Franz Beckenbauer dijo: “El jugador más importante en la historia del Bayern. Sin Gerd nunca habríamos tenido estos éxitos”. Estamos hablando de un goleador soberbio, del delantero que más goles ha marcado con la camiseta del club bávaro, de un coleccionista de títulos, premios y récords, pero, sobre todo, estamos hablando de uno de los mejores jugadores que nunca ha visto este deporte. Esto es importante remarcarlo porque a menudo se ha presentado la figura de Müller solamente como la de un 9 clásico, la de un voraz delantero de área. Gerd era eso, pero también era muchas otras cosas. Su inteligencia y su comprensión del juego lo convirtieron en un futbolista completísimo, capaz de interpretar roles propios de un falso 9 o de un centrocampista más.

Gerd Müller (© Frinke-ullstein)

Lo explica perfectamente el periodista y escritor Martí Perarnau en un magnífico artículo para Marca.com: "Estamos muy errados respecto de su perfil real. Como tantos otros, el del Torpedo Müller lo hemos construido con base en clichés y estereotipos que no se corresponden con la realidad".

Rescatamos, a continuación, más fragmentos de esta pieza periodística porque resulta realmente interesante a fin de comprender la magnitud de la figura de Müller:

> Digámoslo pronto: el Torpedo Müller no era un ratón del área pequeña. Gerd Müller era todo lo contrario, a pesar de los centenares de goles que acumuló en su prolífica carrera. A la primera persona que le oí decir esto fue a Juanma Lillo.

Cuando le pregunté a Lillo por las características específicas de Müller respondió lo siguiente: "Müller era mucho mejor fuera del área que dentro de ella. Era un distribuidor fantástico".

Perarnau explica en el artículo que Lillo revisó todos los partidos, uno por uno, de los Mundiales de fútbol desde los años treinta hasta los noventa. Los analizó y detalló. Según el entrenador vasco, ocurre que la sociedad consume las estigmatizaciones que los demás han creado. Debatimos y discutimos sobre ellas, pero sin preocuparnos lo más mínimo de comprobar si son estereotipos ciertos o falsos.

De su vasto conocimiento, formado tras revisar con su privilegiada mirada décadas de fútbol mundialista, Lillo extrajo una nítida definición de Gerd Müller: "No era un goleador que jugaba, sino un jugador que goleaba. Era un jugador que facilitaba situaciones beneficiosas para los compañeros y que encima metía goles. Müller jugaba más tiempo fuera del área que dentro. Eso sí, cuando jugaba dentro del área era muy, muy, muy bueno". Martí Perarnau recoge más testimonios que ayudan a dimensionar la importancia de Gerd Müller. El periodista Javier Cáceres explica:

> Müller tiraba paredes con los compañeros de manera constante. Muy a menudo con Beckenbauer, con quien tenía un código establecido muy curioso que dependía de la dureza con que daban los pases: si Beckenbauer le pasaba el balón flojo quería decir que debía rematar; si se lo pasaba fuerte le estaba pidiendo que se lo devolviera.

René Maric, uno de los mejores expertos tácticos del fútbol alemán, añade:

> Gerd era muy bueno fuera del área. Realizaba movimientos de gran inteligencia y excelentes movimientos de apoyo en la proximidad del área. Era soberbio en el juego de pases y combinaciones. En todos estos aspectos que menciono su categoría era superior, pero por alguna razón no se habla de

ellos y solo se le menciona por los goles que marcaba. Como jugador completo su valoración ha de ser altísima.

El entrenador Martin Rafelt, analista jefe en los juveniles del Hajduk Split, también expone su definición de Müller en el artículo de Perarnau: "No era un delantero centro clásico, sino que hoy en día habría sido un atacante absolutamente moderno. Muy móvil, de asociación fácil, eficaz, tácticamente brillante, muy fuerte defensivamente y muy cooperativo con el equipo. Era un atacante de combinaciones. Un falso nueve".

Finalmente, el biógrafo de Müller, el periodista Patrick Strasser, cerraba: "Su característica más celebrada era la elegancia de sus pases, especialmente sus doppelpass (paredes) con Beckenbauer, con quien se entendía a la perfección. Sí, tenía muchísimas más virtudes y talento que solo marcar goles".

Es fácil encontrar multitud de partidos de Gerd Müller que confirman las apreciaciones de los especialistas citados en estos párrafos. Dos encuentros altamente recomendables en este sentido son la final de la Copa de Europa de 1975 contra el Leeds —termina jugando, y marcando, actuando de mediocentro— y la vuelta de semifinales de la Copa de Europa del año siguiente, 1976, ante el Real Madrid. En este partido exhibe su talento goleador, pero también un repertorio futbolístico fascinante desarrollando las funciones propias que normalmente son atribuibles a jugadores de otras demarcaciones.

Gerd Müller llegó a Múnich desde la pequeña ciudad bávara medieval de Nördlingen. Era el año 1964. En el Bayern se convirtió en leyenda eterna.

CAPÍTULO 4

LA ALEMANIA DE LOS OCHENTA Y LOS NOVENTA

Hemos terminado el anterior capítulo desmontando algunos clichés, estereotipos y estigmatizaciones que rodean a uno de los mejores jugadores de la historia y referente del fútbol alemán, Gerd Müller. Bien, pues ahora nos adentramos en la época que seguramente más ha colaborado a establecer ciertos patrones rígidos y prestablecidos sobre el balompié germánico. Durante los ochenta y los noventa, los equipos alemanes, pero sobre todo su selección, cultivaron la imagen de conjuntos siempre competitivos, ordenados, de exuberante potencial físico y tremenda fortaleza mental.

En este caso, no vamos a negar la mayor. ¿La selección alemana fue competitiva durante estas décadas? Sí, si abrazamos los decenios que conforman dichas décadas podemos hablar de los títulos en las Eurocopas de 1980 y de 1996, de la Copa del Mundo de 1990 o de los subcampeonatos en los Mundiales de 1982 y de 1986. Alemania jugó tres finales del mundo de manera consecutiva (1982-1990).

¿La selección alemana era ordenada y de exuberante potencial físico? Depende de lo que entendamos por 'ordenada', pero

en principio podemos convenir que eran conjuntos con estructuras defensivas bastante sólidas (como si el orden no fuera también parte de la expresión ofensiva de un equipo... es probable que del orden brote la creatividad del jugador. En contextos colectivos caóticos, la creatividad tiende a tener menos impacto. Pero esa es otra historia). Hecho el paréntesis, diremos que sí, que la Alemania de los ochenta y los noventa destacaba por ser ordenada. Y también de gran potencial físico. Jugadores como Manfred Kaltz, Hans-Peter Briegel, Horst Hrubesch, Dieter Hoeness, Jürgen Kohler o Christian Ziege así lo atestiguan. ¿Y qué decir de la dureza mental de un equipo al que siempre hay que enterrar varias veces? Conocida es, de sobra, la capacidad de resistencia a la derrota del combinado germánico.Pero más allá de esta descripción genérica, ¿qué hubo? Trataremos de explicarlo centrando la atención en los principales hitos de estas décadas: las conquistas en la dos Eurocopas y el Mundial.

LA EUROCOPA DE 1980

Alemania venía de disputar dos finales continentales consecutivas: el triunfo en 1972 y la derrota en la tanda de penaltis de 1976 contra Checoslovaquia. Llegaría una tercera seguida. El equipo de Alemania Federal se presentó a la fase final después de superar la liguilla previa con Turquía, Gales y Malta. Ya en Italia, donde se disputaron los últimos partidos del certamen, el combinado teutón ganó el grupo que lo enfrentó a Checoslovaquia, Países Bajos y Grecia. Así pues, el equipo dirigido por Jupp Derwall disputaría la final de la Eurocopa contra Bélgica, la selección vencedora del otro grupo.

RFA - Bélgica 1980 (© Guerin Sportivo)

22 de junio de 1980, Estadio Olímpico de Roma. Alemania empieza intimidando con los laterales profundos. Manfred Kaltz y Hans-Peter Briegel exhiben su potencia; Stielike juega como líbero, Schuster controlando el centro del campo y Klaus Allofs alejándose de los centrales para combinar con sus compañeros de espaldas a portería. El equipo germánico se adelanta en el marcador con un gol de Hrubesch de potente disparo desde fuera del área (10 min), pero sobre todo transmite la sensación de tenerlo todo bajo control. Los alemanes triangulan con gracia, tocan y se ofrecen... practican un juego posicional —de ciertas similitudes con el del Ajax de Ten Hag— donde todos se mueven y se van agrupando alrededor del compañero que dispone del balón. Ofrecen ayudas cercanas para ir progresando hacia campo contrario.

Esa manera de dominar el partido también alterna los pases más cortos con envíos largos. En este sentido destaca especialmente el cambio de orientación de Kaltz. La salida con él, desde el lateral derecho, es la más habitual. El jugador del Hamburgo progresa y cuando algún rival salta a la presión busca el lado débil con precisos desplazamientos. Alemania no abusa del juego directo hacia Hrubesch o a los desmarques profundos de Rummenigge.

Más allá de la concesión de algunos espacios entre líneas cuando Bélgica contraataca —el equipo no estuvo inspirado a la hora de trabajar la profundidad defensiva—, Alemania completa una primera parte de gran nivel. En la segunda mitad, todo tiene menos estructura. El equipo de Jupp Derwall ya no ataca con la misma gracilidad. El combinado teutón tiene problemas para encontrar cierta continuidad en su juego y el ritmo del partido decae. Entonces ocurre algo que cambiaría el panorama del último cuarto de hora. El árbitro se inventa un penalti a favor de Bélgica. La falta era muy clara, pero tranquilamente unos dos metros fuera del área. René Vandereycken transforma la pena máxima y empata.

La final enloquece por momentos. Stielike apaga un fuego importante corrigiendo con muchos metros a su espalda y Rummenigge, encendido, lidera la reacción furibunda de Alemania. A dos minutos de la conclusión, otra vez Hrubesch, esta vez adelantándose a todos a la salida de un córner, marca de cabeza el gol definitivo (2-1). La selección germánica volvía a ser campeona de Europa después de aquel magnífico equipo de 1972.

EL MUNDIAL DE 1990

Luego de la Eurocopa de 1980, llegó el subcampeonato del mundo en España. También con Jupp Derwall en el banquillo, el combinado alemán llegó a la final tras un épico partido de semifinales en el Sánchez Pizjuán de Sevilla contra Francia. En la prórroga, el equipo galo parecía sentenciar con el 3-1. Al final, Alemania forzó los penaltis gracias a los goles de Rummenigge y Klaus Fischer —histórico goleador del Schalke 04—. Allí, y a pesar del error inicial de Stielike en el tercer lanzamiento, el conjunto teutón terminó ganando. Italia fue superior en la final y se llevó el campeonato del mundo.

Dos años más tarde, en la Eurocopa de Francia de 1984, Alemania no pasó de la liguilla de cuartos de final. No obstante, en México 86 la selección germánica volvió a disputar una final del mundo. Como en la última edición mundialista, los alemanes superaron a

Francia en semifinales para verse les caras con la Argentina de Maradona en la final. Más de 100 000 espectadores disfrutaron en el Estadio Azteca de un encuentro mítico. Fue el que coronó definitivamente al Pelusa, que en México protagonizó la que seguramente sea la mayor exhibición individual de la historia en un torneo corto. Alemania compitió, como siempre, pero cayó por 3-2 a pesar de igualar un 2-0 en contra a poco para el final. El combinado nacional alemán ya era dirigido por Franz Beckenbauer, antiguo campeón como jugador en el Mundial en casa de 1974.

También en casa se disputó la Euro de 1988. Alemania alcanzó las semifinales, pero perdió en Hamburgo ante los Países Bajos. Un dudoso penalti sobre Van Basten permitió a los neerlandeses empatar a un cuarto de hora para el final (1-1). El mismo delantero fue protagonista a dos minutos del 90 con un buen desmarque y ágil definición (2-1). En la final de Múnich contra la URSS, Van Basten marcó un golazo tremendo para sentenciar el título. Seguramente es la volea más famosa de la historia del fútbol.

Y llegamos al año 1990. La Copa del Mundo se disputaba en Italia. Alemania se presentó a la cita con una plantilla muy buena: Bodo Illgner y Andreas Köpke eran sus mejores porteros; en la defensa, el equipo contaba con futbolistas como Klaus Augenthaler, Guido Buchwald, Thomas Berthold, Andreas Brehme, Jürgen Kohler o Stefan Reuter; la nómina de centrocampistas era de un nivel técnico y físico excelente, con Pierre Littbarski, Andreas Möller, Lothar Matthäus, Olaf Thon o Thomas Hässler; arriba, Jürgen Klinsmann y Rudi Völler eran los delanteros con mejor cartel.

Alemania ganó el grupo con Yugoslavia, Colombia y Emiratos Árabes Unidos. Países Bajos y Checoslovaquia fueron los rivales en octavos y cuartos de final. En la semifinal de Turín, contra Inglaterra, los alemanes controlaron mejor los nervios en la decisiva tanda de penaltis. Fue cuando Lineker acuñó su célebre frase: "El fútbol es un deporte que inventaron los ingleses, juegan 11 contra 11 y siempre gana Alemania". En la final esperaba otra vez la Argentina de Maradona, y de Carlos Bilardo. Tercera final del mundo seguida para Alemania, segunda contra Argentina. A la tercera fue la vencida.

El equipo dirigido por Franz Beckenbauer fue muy superior durante todo el partido. De hecho, los argentinos no tuvieron ni una sola ocasión de gol. Lo de Thomas Hässler en la primera mitad merece mención aparte. El entonces centrocampista del Colonia aparecía por todos lados, pero siempre donde la jugada lo requería. No eran participaciones efectistas, sino efectivas. Recibía siempre con tiempo y espacio, muestra de un don especial para situarse en las zonas propicias. Se acostaba a la izquierda para buscar la sociedad con Brehme, aparecía en conducción por la derecha o agilizaba el juego ofensivo de su equipo por dentro con raudos y sutiles toques entre líneas. Una delicia, Thomas Hässler. Su compañero de equipo en el Colonia, Pierre Littbarski, también jugaba con una electricidad diferente.

Argentina tenía serios problemas para seguir el ritmo de Alemania. Basualdo intentaba calmar y organizar el juego de su equipo, pero era en vano. Las marcas individuales surgían efecto y los defensas alemanes siempre se imponían a su par. Bien con anticipaciones agresivas o con medidos *tackles* (es significativo lo mucho que explotó Alemania esta técnica defensiva), los jugadores de Beckenbauer ganaban casi todos los duelos. Völler era un incordio dentro del área, sobre todo buscando remates de cabeza, mientras Klinsmann amenazaba con su movilidad.

Alemania en la final del Mundial 1990 (© David Cannon)

La segunda parte empezó con Littbarski culebreando y buscando el gol de chut lejano. Él, Hässler y el capitán del equipo, Lothar Matthäus, seguían controlando la situación en el centro del campo. Cada vez resultaba más complicado para el conjunto de Bilardo controlar las combinaciones de sus rivales —más rápidas, enérgicas y de mayor precisión técnica—. Klinsmann provocó la expulsión de Monzón en una de sus caídas a la banda y, a cinco minutos del final, Völler cayó dentro el área. Fue después de recibir un balón al espacio de Matthäus, que se había zafado fácilmente de la presión rival con una buena conducción vertical. Argentina protestó mucho el penalti. Alemania había reclamado otro, sobre Klaus Augenthaler, minutos antes.

Andreas Brehme, que durante el partido había buscado fortuna distintas veces con su poderosa zurda, ajustó el penal con la derecha con un delicado y conciso toque. Alemania Federal volvía a ser campeona del mundo, y lo era tres meses antes de la reunificación del país (ver otros títulos de esta editorial para información detallada sobre el fútbol en la RDA). Alemania se sentía imparable.

LA EUROCOPA DE 1996

La euforia y el sentimiento de orgullo nacional fruto de la reunificación y también del campeonato del mundo de 1990 dejó paso, en el terreno deportivo y contra todo pronóstico, a una década de dudas. A lo largo de los noventa quedó claro que el modelo alemán empezaba a dar síntomas de agotamiento. Rígido en distintas facetas tácticas, como la utilización del líbero o los marcajes al hombre, Alemania vio como Dinamarca le ganaba la final de la Eurocopa de 1992. Fue una de las sorpresas más grandes jamás vistas en esta competición, pues los daneses estaban literalmente de vacaciones a unos días de empezar el certamen. La expulsión de Yugoslavia, como consecuencia de la Guerra de los Balcanes, permitió a Dinamarca participar en el torneo. Lo ganó sin su gran estrella, Michael Laudrup, que tenía desavenencias con el seleccionador, Richard Møller Nielsen.

Además, el equipo nórdico se deshizo en semifinales del vigente campeón, Países Bajos, antes de derrotar en la final a la campeona del mundo, Alemania. El conjunto neerlandés tenía en sus filas a jugadores de la dimensión de Gullit, Van Basten, Bergkamp, Rijkaard y Koeman. Los alemanes llegaron a la cita con el núcleo que había ganado el Mundial en Italia, a lo que había que sumar a futbolistas de la talla de Sammer o Effenberg. Pero ganó Dinamarca.

Las Copas del Mundo de 1994 (Estados Unidos) y de 1998 (Francia) también fueron decepcionantes. El equipo germánico, que venía de jugar tres finales seguidas, no pasó de los cuartos de final en ambos torneos. Pero más allá de los resultados, que serían aceptables para la inmensa mayoría de selecciones del planeta, había algo que empezaba a chirriar a nivel de juego.

A pesar de los pesares, Alemania, con su tradicional competitividad, sabría sacar frutos también de esta década en forma de título importante. Fue en Inglaterra, en la Eurocopa de 1996.

Alemania en la final de la Euro 1996 (© Shaun Botterill)

El equipo era dirigido por Berti Vogts, discípulo de Hennes Weisweiler. Aunque el estilo de juego seguramente distaba mucho del que ofreció al público el Borussia Mönchengladbach de los setenta, el combinado teutón se presentó a la cita continental con una formidable nómina de jugadores: Andreas Köpke (titular) y Oliver Kahn como principales porteros; defensas como Christian Ziege, Thomas Helmer, Markus Babbel o los ya experimentados, y campeones del mundo, Jürgen Kohler y Stefan Reuter; centrocampistas de la jerarquía de Mario Basler, Mehmet Scholl, Matthias Sammer (también jugaba de líbero), Andreas Möller o Thomas Hässler; y potentes delanteros como Jürgen Klinsmann, Stefan Kuntz, Fredi Bobic y Oliver Bierhoff.

Alemania avanzó hacia los cuartos de final ganando el grupo contra la República Checa, Italia y Rusia. Superó las rondas eliminatorias ante Croacia y la anfitriona, Inglaterra. Kuntz igualó el gol inicial de Shearer y los alemanes marcaron los seis penaltis de la tanda. Southgate falló el suyo. Ante la sorpresa de todos, la República Checa volvería a ser el rival, pero esta vez en la final y no en el primer partido del campeonato (2-0).

El encuentro se disputó en el templo de Wembley, como las semifinales contra Inglaterra, y ambos equipos ya tuvieron ocasiones importantes en la primera parte. Stefan Kuntz se topó dos veces con un inspirado Kouba. En el otro extremo del campo, Köpke también se impuso ante Kuka.

Ya en la segunda parte, Berger adelantó a los checos transformando un penalti por falta de Sammer al límite del área. Quedaba media hora y Vogts reaccionó diez minutos después con un cambio que sería providencial: la entrada de Bierhoff por Scholl. El delantero alemán empató a los cuatro minutos de saltar al campo rematando de cabeza una falta lateral (1-1, min. 73).

Smicer, que había entrado segundos antes, tuvo la victoria de la República Checa con un potentísimo chut cruzado en el minuto 89, pero Köpke lo sacó con maestría. El entonces guardameta del Eintracht Frankfurt, que fichó por el Marsella en aquel verano, fue un portero de magníficos fundamentos. El partido se iba a la pró-

rroga, y lo hacía con una novedad: habría gol de oro. Si uno de los dos equipos marcaba, se proclamaría campeón de Europa.

La emoción duró poco. A los cinco minutos del suplemento, otra vez Bierhoff fue protagonista. Primero peinó un balón largo de su defensa hacia Klinsmann. Luego recogió la pelota de su compañero de delantera en la frontal del área, aguantó y cuerpeó de espaldas hasta que se abrió el espacio necesario para girar y chutar con la zurda. El balón tocó en un defensa checo y esto despistó a Kouba que, además, no estuvo acertado. La pelota traspasó mansamente la línea de gol. Alemania era campeona de Europa por tercera vez en su historia.

CAPÍTULO 5

HSV, BVB Y CAMPEONES DE LOS OCHENTA Y LOS NOVENTA

A nivel de clubes, la Bundesliga de los ochenta y los noventa destacó por la variedad de equipos que fueron campeones. Hasta seis entidades distintas pudieron levantar la ensaladera: Bayern, Hamburgo, Stuttgart, Werder Bremen, Kaiserslautern y Borussia Dortmund.

En el año 1987, el Bayern se convirtió en *rekordmeister* del fútbol alemán al ganar su décimo campeonato y superar los nueve de su rival bávaro, el Núremberg —ocho de esos títulos fueron en la etapa anterior a la creación de la Bundesliga—. El Kaiserslautern protagonizó una epopeya fantástica en la 97-98, cuando ganó la Bundesliga como equipo recién ascendido a la máxima categoría. Seguramente es algo que sería impensable hoy en día, pero a lo largo de la historia la liga alemana ha destacado por gestas como la protagonizada por el Kaiserslautern y por la gran riqueza de campeones: desde la fundación del campeonato unificado —temporada 63-64—, doce equipos han podido levantar la *meisterschale*. Para poner en contexto, por ejemplo, en España se juega LaLiga desde la temporada 1928-29 y solo nueve equipos han salido campeones. Si ampliamos el foco —el campeonato alemán se juega

desde el año 1903— veintinueve clubes tienen el honor de ser campeones alemanes —veinte más que en España—. Además, en este dato no estamos contemplando a los campeones de la antigua RDA —hubo más de diez clubes que ganaron la DDR-Oberliga—. La dinastía del Bayern no debería hacernos olvidar la abundante y rica historia del campeonato alemán y de sus tradicionales clubes.

Para profundizar un poco en estas décadas —ochenta y noventa— nos centraremos en los casos del HSV y del BVB que, además, fueron campeones de Europa en esos años. El Hamburgo ya era un grande. Toda la vida lo ha sido. Fundado en el año 1887, estamos hablando de uno de los clubes más populares y tradicionales de Alemania. Por cuestiones relacionadas con una errática política deportiva que, probablemente, nació de la inestabilidad institucional que el club ha sufrido durante largos años, al final de la campaña 2017-2018 el Hamburgo descendió de la Bundesliga por primera vez en la historia. Era el único club que había participado en todas las ediciones del campeonato.

UWE SEELER

El equipo del norte de Alemania ganó sus primeros títulos nacionales en los años veinte del siglo pasado. En 1960 levantó el trofeo de campeón germánico por tercera vez y esto le permitió participar en la Copa de Europa que se había fundado cinco años antes. El Hamburgo llegó hasta semifinales, ronda en la que el futbolista del Barcelona, Sándor Kocsis, miembro de los mágicos magiares, evitó con un gol en el minuto 90 que el equipo alemán pudiera jugar la final continental. Se tuvo que disputar un partido de desempate, que el Barça ganó para luego perder la final contra el Benfica de Béla Guttmann.

Seeler (© dpa)

El HSV ya contaba en sus filas con Uwe Seeler, que terminaría siendo la gran figura histórica del club. Seeler ha quedado en los libros como uno de los mejores jugadores alemanes que se han visto. Segundo capitán de honor de la selección después de Fritz Walter, el mítico delantero del Hamburgo es el mejor goleador de la competición alemana si tenemos en cuenta los torneos regionales previos a la fundación de la Bundesliga —en el campeonato alemán unificado lo es Gerd Müller—. Siempre comprometido a nivel social con los más necesitados y con su ciudad natal, Hamburgo, hizo de la fidelidad al club de su vida una manera de entender el fútbol.

Subcampeón del mundo en 1966, en la final de Wembley contra Inglaterra, Seeler participó con Alemania en cuatro Mundiales. Con el Hamburgo ganó una liga, una copa y fue máximo goleador en un total de once torneos distintos. Futbolista alemán del año tres veces, después de su carrera como jugador llegó a ser presidente del club de sus amores. Recibió incontables premios y reconocimien-

tos, y cuando murió, en el verano del 2022, todo el fútbol alemán le rindió un sentido y cariñoso homenaje.

EN LA CIMA DE EUROPA

A finales de los setenta el Hamburgo empezaba a discutir el binomio que había dominado la Bundesliga durante los años anteriores. Bayern y Borussia Mönchengladbach veían como el Colonia o el mismo Hamburgo amenazaban su posición de fuerza. El conjunto del norte del país, campeón de la Recopa de Europa en 1977, ganó la liga un par de años después, en 1979, con una plantilla en la que destacaban la estrella inglesa Kevin Keegan, el portero Rudi Kargus o jugadores como Manfred Kaltz y Horst Hrubesch, que luego serían importantes en los éxitos de la selección alemana. El equipo era dirigido por Branko Zebec, que diez años antes había ganado el primer doblete en la historia del Bayern. También con el entrenador croata en el banquillo, el Hamburgo jugó y perdió la final de la Copa de Europa de 1980 (1-0 contra el Nottingham Forest en Madrid).

Después de dos subcampeonatos seguidos en la Bundesliga, llegó a la ciudad hanseática el técnico austríaco Ernst Happel. Antiguo campeón de la Copa de Europa en 1970 con el Feyenoord, repetiría gesta con el Hamburgo. Su equipo se plantó en la final de la UEFA de 1982 —derrota contra el Göteborg— y ganó la Bundesliga aquel mismo año. Repitió título la temporada siguiente y le añadió la corona europea.

Final Juventus-Hamburgo 1983 (© Bongarts)

Estadio Olímpico de Atenas, 25 de mayo del año 1983. El Hamburgo de Ernst Happel se proclamaba campeón de Europa después de superar a una potentísima Juventus en la final. El equipo italiano, dirigido por Giovanni Trapattoni, contaba con jugadores de la talla de Dino Zoff, Gaetano Scirea, Michel Platini, Zbigniew Boniek y Paolo Rossi. Un precioso gol de Felix Magath con la zurda, en los primeros compases del partido, decidió la final a favor del Hamburgo. El club de la segunda ciudad más poblada de Alemania tocaba el cielo.

Con el paso de los años el HSV fue perdiendo peso hasta consumar el descenso que nunca antes había sufrido. Es un gigante dormido y el fútbol alemán espera su regreso a la élite en algún momento. Otro club de gran tradición y fortaleza social es el Borussia Dortmund. El Westfalenstadion es el estadio con más capacidad del país, y conocidas son en el mundo entero las coreografías y la animación de la *südtribüne* —con casi 25 000 espectadores, la grada de pie más grande y una de las más impactantes.

El Ballspielverein Borussia 09 e.V. Dortmund se fundó en el año 1909 y vivió su primera era dorada en los años cincuenta del siglo

pasado con dos campeonatos nacionales consecutivos. En los sesenta ganó otro y también se convirtió en el primer club alemán campeón de una competición UEFA. Fue la Recopa de Europa de 1966. El BVB dejó en el camino a equipos como el Atlético de Madrid o el West Ham antes de ganarle la final al Liverpool, en Glasgow, con un gol de Stan Libuda en la prórroga. Lothar Emmerich fue el goleador del torneo con 14 tantos. En aquel equipo también destacaba el portero Hans Tilkowski, nacido en Dortmund e internacional alemán.Luego el Borussia ya tuvo que esperar a los noventa, cuando volvió a repetir bicampeonato —1995 y 1996—. En aquella época, el equipo tenía una plantilla con jugadores de gran nivel y tremenda personalidad: Stefan Klos, también nacido en Dortmund como Tilkowski, era muy joven, pero ya demostraba su categoría como portero; Matthias Sammer era un gran líder y, en el centro del campo, el equipo tenía a futbolistas como Michael Zorc —años después exitoso director deportivo del club— y Andreas Möller, un jugador enormemente talentoso; el suizo Stéphane Chapuisat y Karl-Heinz Riedle eran sus delanteros de más jerarquía. Después de la primera Bundesliga el equipo se reforzó todavía más con las incorporaciones de Heiko Herrlich, Jörg Heinrich y Jürgen Kohler —campeón del mundo en 1990 y de Europa en 1996—.

OTTMAR HITZFELD

El Dortmund campeón de los noventa va ligado al nombre de Ottmar Hitzfeld, el entrenador que dio forma al equipo. Nacido en Lörrach, cerca de la frontera con Suiza, como futbolista hizo carrera en el país helvético —Basilea, Lugano y Lucerna—. También marcó goles en el Stuttgart, pero para encontrar sus orígenes como técnico hay que volver a Suiza. Allí hizo campeón de liga y copa al Grasshopper Club Zürich (también ganó una copa con el Aarau). En 1991 llegó a Dortmund y empezó a construir el equipo que ganaría la Copa de Europa seis años después.

Ottmar-Hitzfeld (© Gunnar Berning-Bongarts)

Dejó el banquillo tras el éxito continental para ser jefe del área deportiva del club —el italiano Nevio Scala se hizo cargo del equipo—, pero pronto volvería a su trabajo anterior. Esta vez, eso sí, como entrenador del Bayern. En Baviera vieron a Hitzfeld como el hombre indicado para edificar una era después de unos años convulsos. Lo hizo. Ganó la Bundesliga en su primera temporada y también levantó las dos siguientes (1999, 2000 y 2001). Era la tercera vez en la historia que el Bayern enlazaba tres títulos consecutivos. Los del 2000 y el 2001 fueron con un desenlace épico.

En su primera campaña, el equipo sufrió una dolorosísima derrota en la final de la Copa de Europa de Barcelona 1999. El Manchester United, con dos goles en el descuento a la salida de sendos córneres, remontaba un partido en el que el Bayern había sido claramente superior. Aquella hecatombe tiene su sitio de privilegio en el museo del club (como la de Múnich 2012). El Bayern entiende que las grandes derrotas son energía y combustible para futuros triunfos. Así sucedió en ambos casos: el Bayern de Heynckes ganó el triplete al año siguiente del *drama dahoam*; el equipo de Hitzfeld estuvo siempre entre los mejores del continente y finalmente ganó la Copa de Europa en el año 2001, tras superar al Valencia en una dramática tanda de penaltis en Milán. Cuatro días antes, el conjunto bávaro había ganado en Hamburgo su tercera liga se-

guida gracias a un gol de Patrik Andersson en el último segundo del campeonato. El Bayern de Hitzfeld culminó el año levantando la Copa Intercontinental ante Boca Juniors de Bianchi y Riquelme.

Sumando dos etapas distintas, Hitzfeld estuvo siete años y medio en el Bayern. El día de su despedida, que coincidió con la de Oliver Kahn ante un Allianz Arena entregado, el General rompió a llorar. De mirada recia pero tierna a la vez, su gabardina es icónica. Hitzfeld, coleccionista de títulos como ningún otro, dejó un recuerdo imborrable en Dortmund, Múnich y también en Suiza, donde terminó su carrera en los banquillos como seleccionador nacional. A 2000 metros sobre el nivel del mar, en el pueblo de Gspon, se levanta en su honor entre los Alpes suizos el Ottmar Hitzfeld Arena, el campo de fútbol a más altitud de Europa.

EL TRIUNFO CONTRA LA JUVENTUS

Hitzfeld será siempre recordado por ser el entrenador que le dio al Dortmund su primera Copa de Europa. La final se disputó en el Olímpico de Múnich, donde luego él sería jefe. Era el 28 de mayo del año 1997 y el Borussia Dortmund se había presentado a su primera final de la máxima competición continental después de eliminar a todo un Manchester United en semifinales.

Juventus contra Borussia Dortmund en la final de 1997 (© Bongarts)

La Juventus de Marcello Lippi, vigente campeona de Europa, llegaba a la cita dispuesta a ser el primer equipo capaz de revalidar título bajo el formato Champions League. El conjunto italiano era favorito: Peruzzi, Montero, Di Livio, Jugovic, Deschamps, Zidane, Boksic, Vieri y Del Piero. La nómina de los de Turín era realmente impresionante, pero el Dortmund contó con la fabulosa actuación de Karl-Heinz Riedle. Dos goles suyos adelantaron a los de Hitzfeld antes del descanso. Del Piero recortó distancias con un gran gesto técnico, pero todavía faltaba por aparecer Lars Ricken. Nada más entrar al terreno de jugo hizo el 3-1 con una preciosa vaselina. El Dortmund era campeón de Europa.

Otros equipos alemanes, más allá del HSV y del BVB, también tuvieron grandes momentos en Europa durante las décadas de los ochenta y noventa. El Colonia llegó a una final de la Copa de la UEFA que perdió contra el Real Madrid de la "quinta del Buitre" (1985-86). El Stuttgart corrió la misma suerte, subcampeón ante el Nápoles de Maradona (1988-89). El Schalke sí que pudo ganar esta competición. El conjunto minero superó al Inter en la tanda de penaltis en una final que se jugó, como en aquellos tiempos, a ida y vuelta. Fue en 1997, un año después del triunfo del Bayern en la misma UEFA ante el Girondins de Zidane y Lizarazu. El Leverkusen hizo lo propio casi una década antes, levantando un 3-0 en contra de la ida contra el Espanyol y ganando en la vuelta tras otro 3-0 a favor y la pertinente tanda de penaltis (1987-88). Los años ochenta habían empezado con aquella mítica Copa de la UEFA de la temporada 1979-80 que el Eintracht Frankfurt ganó en una final 100% alemana contra el Borussia Mönchengladbach. Como hemos detallado antes, los cuatro semifinalistas de aquella edición fueron equipos de la Bundesliga.

En la Recopa de Europa, el Stuttgart perdió la final de 1998 contra el Chelsea. Antes, el Werder Bremen pudo ganar el título en el año 1992. Además, esta fue una competición donde los equipos de la antigua RDA acostumbraban a llegar lejos. En estos años también disputaron finales del torneo el Carl Zeiss Jena y el Lokomotive Leipzig (primer campeón nacional alemán en el año 1903 bajo su antigua denominación —VfB Leipzig—). Incluso antes de

los ochenta, en 1974, el Magdeburgo le ganó una final de la Recopa de Europa al Milan. Y el Fortuna Düsseldorf, equipo de la Alemania occidental, perdió la de 1979 ante el Barcelona.

CAPÍTULO 6

DE KLINSMANN A LÖW Y UNA NOCHE EN RÍO

Alemania es campeona de Europa en el 1996, mismo año en el que el Bayern gana la UEFA. En 1997, Borussia Dortmund y Schalke se proclaman campeones de las principales competiciones europeas. Todo iba bien. ¿O no? Los triunfos de los clubes de la Bundesliga y de la selección nacional escondían algo que estaba por llegar y que se podría apreciar con mayor nitidez en las siguientes citas del combinado alemán. La Eurocopa del año 2000, en concreto, marcó un antes y un después. Alemania, que defendía corona, cayó en la fase de grupos inicial por primera vez en la historia en un torneo con más de ocho selecciones —en Bélgica-Países Bajos participaron dieciséis—. Una debacle en toda regla para una selección acostumbrada siempre a ganar o a competir hasta el final. Se encendieron todas las alarmas y la revolución cogió velocidad de crucero.

La Federación (DFB), liga (DFL) y clubes se conjuraron para estructurar un nuevo plan que revitalizara al fútbol alemán. El poderío físico y la mentalidad ganadora están muy bien, eran señas de identidad tradicionales, pero seguramente con el paso de los años se abandonó la formación técnica del jugador mientras que, en lo relativo a aspectos tácticos, los alemanes presentaban sig-

nos de quedarse obsoletos con aquello que hasta el momento les había funcionado; por ejemplo, el líbero y los marcajes al hombre. El fútbol evolucionaba y era necesario actualizar los libretos y la formación.

En realidad, cuentan que a mediados de los noventa la idea ya rondaba por la cabeza de Berti Vogts, antiguo jugador del Borussia y campeón de la Euro 1996 como seleccionador. En cualquier caso, fue tras el desastre del siguiente campeonato continental cuando todo cogió forma. Se aprobó una nueva regla de necesario cumplimiento para obtener la licencia en la primera y segunda Bundesliga: los 36 clubes tendrían que construir su propia academia para formar futbolistas. Se estableció un fondo común para ayudar a los clubes con menos posibilidades económicas.

La DFB hizo lo propio con sus centros de formación. Se edificaron centenares de academias a lo largo y ancho del país para entrenar a miles de jóvenes. El fútbol ya llegaba a todos los rincones de la geografía alemana. Se contempló la formación integral del joven para facilitarle una educación y salidas profesionales más allá del fútbol y, además, se implantó un sistema de puntuación y validación de las tareas llevabas a cabo en cada centro. En ese momento también se profesionaliza la formación de los técnicos que entrenarán en las escuelas y las dirigirán. Eso, al cabo de los años, terminará dando sus frutos cuando ves la cantidad de entrenadores jóvenes que se sientan en banquillos de la Bundesliga. La formación del técnico ya tiene, como mínimo, la misma importancia que su experiencia previa en el fútbol de alto nivel.

EL DFB-CAMPUS

Dos décadas después del inicio de la revolución, la joya de la corona vio la luz: el DFB-Campus, la universidad del fútbol alemán. Edificada en los terrenos del antiguo hipódromo de Frankfurt, costó 150 millones de euros y se inauguró en el verano de 2022. Con una superficie total de 15 hectáreas, la federación alemana reúne en un mismo espacio administración, formación y deporte. Aquí también descansa la DFB-Akademie, que ofrece una mirada holística para cubrir todos los ámbitos relacionados con el fútbol: entrenamiento, táctica y análisis del juego, tecnología y equipamiento, neurociencia, psicología, medicina, alimentación, etc.

Más allá de las academias repartidas por las distintas regiones del país, la DFB quiso centralizar toda la ciencia y la investigación en un mismo centro. Los clubes *amateurs*, que en Alemania son pilar fundamental de este deporte, serán invitados a las instalaciones a fin de universalizar el conocimiento. El campus de la federación también será un laboratorio de ideas para que el fútbol alemán siga siendo vanguardista.

Justamente, con ideas vanguardistas llegó Jürgen Klinsmann al banquillo de la selección alemana (2004). El antiguo campeón del mundo y de Europa como jugador encajaba en esa reforma ideológica que se estaba cultivando. A pesar de la transformación que estaban viviendo todas las estructuras del fútbol alemán, la selección volvió a ser subcampeona del mundo en Corea del Sur-Japón 2002. Eso sí, dos años después, repetiría fiasco en la fase de grupos de la Eurocopa de Portugal. Esas dos experiencias con Rudi Völler como responsable del equipo, y la anterior del 2000 con Erich Ribbeck, no resultaron para nada fructíferas. Llegaba Klinsmann, que respiraba en consonancia con los nuevos aires futbolísticos.

Klinsmann (© Bob Thomas)

El periodista Fermín de la Calle, en un artículo para la revista *Líbero*, explica una anécdota que ilustra las ideas que guiaban al nuevo seleccionador. Klinsmann y su asistente, Joachim Löw, viajaron a la Argentina para conocer a César Luis Menotti. El flamante director técnico del combinado alemán quedó cautivado por el Flaco cuando ambos coincidieron en Génova —uno como entrenador y el otro como jugador de la Sampdoria—.

De la Calle explica el encuentro con palabras de Menotti:

> Los alemanes llegaron acá... déjame pensar. Creo que en 2005. A Klinsmann lo entrené en la Sampdoria y con él venía el otro (Joachim Löw). Lo tenían claro. Querían cambiar su discurso futbolístico y venían a ver cómo trabajamos el fútbol asociativo en las inferiores y la captación de talento. Estuvimos charlando, le di nombres y se fueron a Brasil a entrevistarse con más gente. Aquellos tipos cimentaron las bases de su fútbol acá, buscando el talento asociativo

mientras los pelotudos de acá van allá a aprender a correr más y saltar más alto. ¡De locos!

El Mundial del 2006 se celebraba en casa y la responsabilidad era enorme. Alemania, vigente subcampeona del mundo, venía de caer en la fase de grupos de la reciente Eurocopa. Klinsmann no solo cuidó un nuevo lenguaje futbolístico, sino que introdujo cambios que significaron una alteración importante en antiguos códigos. Una cultura futbolística que tradicionalmente ha sido profundamente conservadora y pétrea tenía que adaptarse a los nuevos tiempos. Klinsmann, por ejemplo, incorporó un psicólogo a su *staff*. Al principio, generó burlas. Hoy, la DFB-Akademie trabaja y forma en el ámbito de la psicología deportiva como especialidad básica del fútbol.

La Alemania de Klinsmann consiguió que el Mundial en casa fuera una auténtica fiesta. La selección germánica no tenía una plantilla especialmente atractiva, más bien todo lo contrario, pero el juego sí lo fue. Algo estaba cambiando. Alemania dejó buenos partidos, como el inaugural ante Costa Rica (4-2). El combinado local eliminó en cuartos de final a la Argentina de Pékerman (1-1 y 4-2 por penaltis) antes de caer en un dramático partido de semifinales contra Italia (2-0 en Dortmund con goles en los últimos instantes de la prórroga). La selección teutona se colgó el bronce luego de superar a Portugal en un vibrante partido por el tercer lugar (3-1).

JOACHIM LÖW

Después de la cita mundialista Klinsmann pasó el testigo a su ayudante, Joachim Löw. El camino estaba trazado: "Para mí el fútbol siempre tuvo algo que ver con la estética, la ligereza. Aspiro a decir después de cada partido que hemos sido el mejor equipo desde el juego, no que hemos ganado aunque sea por azar", explicaba Löw en una entrevista concedida a *11Freunde* y publicada en el número 07 de la revista *Panenka*.

Löw (© Panini)

40 años después vemos un nexo con las ideas de Helmut Schön. En realidad, si dejamos a un lado los estereotipos, ya hemos visto que Alemania no había tenido siempre como principales o únicos argumentos el vigor, la fortaleza física, la mentalidad ganadora o una resistencia de acero a la derrota. La selección germánica de 1972, campeona de Europa con Schön, es probablemente uno de los mejores y más bellos equipos de la historia del fútbol. Y dos años después no le ganan la final del mundo a la Naranja Mecánica de Michels y Cruyff jugando, precisamente, al pelotazo...

En cualquier caso, los años ochenta, y sobre todo los noventa, habían instalado en el imaginario colectivo una imagen de la selección alemana que sería modificada de raíz durante la era Löw. Ya en la primera gran cita bajo el mandato del nuevo director técnico, el combinado germánico dejó una grata impresión. Alemania fue subcampeona de Europa en el 2008 y, un par de años más tarde, en el Mundial de Sudáfrica, el equipo de Löw volvió a conquistar exquisitos paladares futbolísticos. Con una selección muy joven, Alemania se plantó a las semifinales después de maravillar ante rivales de entidad: 4-1 a Inglaterra y 4-0 a la Argentina. La selección española, que vivió en estos años su época dorada, frenó al combinado de Löw en ambas ocasiones. Pero en Alemania estaban convencidos de que el plan terminaría dando sus frutos.

En realidad, el camino fue pedregoso porque en la Eurocopa de 2012 la frontera volvió a situarse en semifinales —derrota ante Italia—. Aparecieron ciertas dudas entre la opinión pública, pero de

puertas hacia dentro estaba claro que el proyecto era a largo plazo y que este tenía perfectamente delineado el itinerario. Un recorrido que pasaba por llegar a Brasil 2014 con un núcleo de jugadores más maduros: Manuel Neuer (28 años), Philipp Lahm (30), Jérôme Boateng y Mats Hummels (25), Bastian Schweinsteiger (29), Toni Kroos (24), Thomas Müller (24)... buenas edades y, a pesar de la juventud de algunos, capacidad más que demostrada en distintas experiencias internacionales. Sin ir más lejos, los futbolistas de esta lista se vieron las caras en la final de la Liga de Campeones un año antes.

CAMPO BAHÍA

La federación buscó una sede que alojara a la selección durante el Mundial, pero no encontró nada de su agrado. Así las cosas, decidió construir Campo Bahía. Lo explicó perfectamente la BBC News. A continuación, un extracto del artículo donde este medio de comunicación hace referencia al episodio en cuestión:

> Para los 900 habitantes de Santo André, unos 600 kilómetros al sur de Salvador, el equipo de Joachim Löw se había proclamado campeón antes de tocar por primera vez la pelota. En ese remoto lugar, de playas paradisiacas y reservas naturales, fue que la Federación Alemana de Fútbol (DFB, por sus siglas en alemán) decidió establecer el campamento base para preparar su participación en Brasil 2014. No había edificios ni ningún tipo de infraestructura deportiva, solo un terreno de 15 000 metros cuadrados en el que Alemania construyó un resort turístico de 14 viviendas, un gimnasio, un spa, un campo de fútbol iluminado, piscina y un auditorio para las reuniones del equipo. Campo Bahía, como se conoce ahora el lugar, fue ideado por Christian Hirmer, un empresario alemán que trabaja en la industria de la moda en Múnich y amigo del director de la selección alemana y exfutbolista Oliver Bierhoff, y financiado por inversores del sector privado. El complejo se abrirá al público (una vez finalizado el Mundial) como un resort turístico, sostenible y ecológico que ofrecerá variadas actividades como la pesca

y el surf, lo que impulsará el desarrollo de la comunidad de la zona. La mayoría de los habitantes de Santo André que fueron empleados para cubrir las demandas de los jugadores y la delegación alemana durante el Mundial formarán la base laboral del centro en el futuro. El alcance del acuerdo de la DFB y el gobierno local también se extendió a la modernización de campos de fútbol, la creación de una academia y la renovación de un orfanato en el pueblo.

El complejo también fue fundamental para generar la cohesión necesaria entre los jugadores, que empezaron su camino en Brasil con una goleada contra la Portugal de Cristiano Ronaldo (4-0). Thomas Müller marcó tres goles y Lahm empezó jugando de mediocentro —una clara influencia de Guardiola, pero de eso ya hablaremos luego con más detalle—. Ghana planteó un duro reto en el segundo partido de grupos y Alemania tuvo que conformarse con un empate (2-2). El combinado alemán certificó la primera plaza en esta fase del torneo con un triunfo ante Estados Unidos —1-0 con otro gol de Müller—.

Ya en octavos de final, apareció de forma determinante uno de los nombres del campeonato: Manuel Neuer. Sin su exhibición ante Argelia, muy probablemente aquí se habría terminado el sueño alemán. Fue una lúcida exposición de lo que es un portero moderno y tremendamente indicado para equipos que quieren vivir en campo contrario. Neuer evitó, con sus acciones lejos del área, tranquilamente cuatro ocasiones clarísimas de gol para el conjunto africano, una de ellas en el minuto 89 y con 0-0 en el marcador. El equipo terminó imponiéndose en la prórroga (2-1).

En cuartos de final esperaba Francia. Lahm volvió al lateral derecho, Boateng formó el eje de la zaga con Hummels y Khedira recuperó una plaza en el centro del campo. Hummels adelantó pronto al equipo germánico rematando de cabeza una falta botada por Kroos. El marcador no se movió más (1-0) a pesar de que Benzema tuvo la prórroga con un durísimo chut al palo corto. Estaba Neuer, que alargó un brazo de acero.

Neuer (© Panini)

EL MINEIRAZO

8 de julio de 2014. Estadio Mineirão, Belo Horizonte (Minas Gerais). Una de las páginas más impactantes de la historia del fútbol estaba a punto de ser escrita. La pentacampeona y anfitriona, Brasil, jugaba en casa contra Alemania por un lugar en la gran final de Maracaná. Müller adelantó al conjunto de Löw a la salida de un córner y Klose, tras una astuta dejada del propio Müller, duplicó la ventaja doce minutos después. Con este gol, el delantero alemán se convirtió en el futbolista con más tantos en la historia de los mundiales —16, uno más que Ronaldo—.

Klose (© Panini)

Subió el 2-0 al marcador a los, concretamente, 22 minutos y 8 segundos. Y entonces se desencadenó la tormenta perfecta. 6 minutos y 40 segundos después, Alemania ya ganaba 5-0. Fueron cuatro goles en este lapso de tiempo. No habíamos llegado ni a la media hora y el partido ya estaba liquidado. No se recuerda nada parecido. Ni por la dimensión del partido, ni por el escenario ni por el peso de los contendientes.

El 7-1 final supuso la mayor derrota en la historia de la selección brasileña, que nunca había recibido siete goles en un partido oficial. El combinado sudamericano, además, mantenía un invicto de 39 años jugando en tierras brasileñas. Los récords que rompió este partido son incontables.

El duelo se explica desde lo emocional, sobre todo a medida que fueron cayendo los goles. Los brasileños, tensionados y sobrexcitados, no pudieron reponerse de los golpes. Pero la superioridad alemana también se explica desde la pulcritud técnica de sus jugadores y la clarividencia táctica que mostraron. Toni Kroos, por ejemplo, reunió nítidamente ambas cosas. Solo hay que ver sus controles o su rango de pase y la intención con cada uno de ellos: más cortos y de repetición para atraer, cambios de orientación para atacar el lado débil, envíos para conectar con compañeros que se ofrecían entre líneas... un espectáculo y un control absoluto del tempo del partido.

Además, Kroos, pero también sus compañeros, sincronizaron de maravilla los saltos de presión. Él y Khedira, los interiores, adelantaban de forma audaz su posición, quedando incluso como hombres más avanzados, para hacer sufrir a los brasileños que recibían de espaldas o con el cuerpo mal orientado.

Alemania trabajó distintas salidas: Schweinsteiger entre centrales o lateralizando su posición, Kroos bajando para iniciar, etcétera. Pero es que, además, contó con la primorosa calidad en el pase de sus zagueros. Boateng anticipaba, defendiendo hacia delante, y recuperaba. Después, cada pase suyo escondía intenciones hirientes. Sus filtradas superaban líneas con pasmosa facilidad y resquebrajaban la estructura defensiva brasileña. Hummels se sumó a la exhibición de su compañero con dañinas conducciones —como en la acción del 5-0—. La jugada empieza con un balonazo de David Luiz hacia la posición de los centrales alemanes. Y, ya se sabe, cuanto más rápido va el balón hacia delante más rápido puede volver hacia tu propia área (y normalmente cargado de veneno).

Dinámicas paredes, situaciones de tercer hombre para progresar… el partido de Alemania fue un máster en muchos sentidos. En los primeros instantes de la segunda parte, con el 5-0 en el marcador, Neuer evita el gol en tres claras ocasiones de Brasil. Después, ya con Kroos como maestro de ceremonias, con Özil metiéndose por dentro y con Lahm como permanente punto de apoyo desde el lateral, Alemania termina controlando la situación. Cayeron dos goles más antes del tanto del 'honor' de Brasil en el minuto 90 (7-1).

Cinco días después, el 13 de julio, el equipo de Joachim Löw se proclamó campeón del mundo al superar a la Argentina de Messi en la final de Maracaná, en Río de Janeiro. Mario Götze (min. 113) certificó en la prórroga la cuarta estrella (1-0). La revolución de principios de siglo tenía premio en forma de Copa del Mundo.

Después de Brasil, y en el periplo qua va de la Eurocopa del 2016 a la del 2020 —disputada en 2021 por la pandemia—, Löw buscó adelantar el relevo generacional de futbolistas jerárquicos. A pesar del desastre en el Mundial de Rusia —por primera vez en la historia de la competición Alemania cayó en una fase de grupos inicial—, la federación siguió adelante con el técnico de la Selva Negra. Tras quince años al frente de la selección, su último partido sería en los octavos de la final del campeonato de Europa (2-0 en Wembley ante Inglaterra). Llegaba el momento de su antiguo ayudante, Hansi Flick. Sería el undécimo seleccionador en la historia del combinado alemán.

CAPÍTULO 7

BAYERN Y DORTMUND MARCAN UNA ERA

La reforma estructural e ideológica en el fútbol germánico también dejará verse, como es normal, a nivel de clubes. Eso podrá observarse, con más claridad, a partir de la segunda década del nuevo siglo. Los entrenadores que ya se están formando bajo los nuevos parámetros empezarán a llegar a la Bundesliga y establecerán un lenguaje futbolístico muy característico. Es verdad que antes de que eso ocurra ya tenemos algunos ejemplos de una manera de entender este deporte que choca con los estereotipos establecidos en los años noventa. Nos referimos, por ejemplo, al Werder Bremen de Thomas Schaaf, un equipo que gana el doblete de 2004 con un estilo desacomplejadamente ofensivo.

En aquellos años, el Stuttgart (2007) y el Wolfsburgo (2009) también son capaces de poner en entredicho el dominio del Bayern y las puntuales apariciones del Borussia Dortmund. Aun así, estos dos últimos clubes marcaron el inicio de una nueva era en el campeonato alemán. La rivalidad deportiva del Bayern con el Borussia (Mönchengladbach) de los setenta será emulada ahora, en cierta manera, con el otro gran club alemán que rinde honor con su nombre al antiguo Reino de Prusia.

El fuerte componente patriótico, que puede percibirse no solo en el nombre de estos clubes, sino también en el amor propio y orgullo de una nación futbolística tan potente, no está reñido con las influencias extranjeras. Sin ir más lejos, durante el proceso de renovación del fútbol alemán, la federación se fijó en cómo trabajan con las categorías formativas en lugares como Francia, Países Bajos o España. Además, la llegada de entrenadores foráneos también enriqueció a la Bundesliga. Especialmente significativo, en este sentido, fue el trabajo de Louis van Gaal en el Bayern. El técnico neerlandés fue quien estableció el plan para modernizar el juego del gran campeón alemán. Cierto es que su predecesor, Jürgen Klinsmann, como ya había hecho en la selección, intentó algo parecido. Sin suerte, en su caso. En el de Louis van Gaal, en cambio, estamos hablando del hombre que indicó cuál era el camino y qué bases eran necesarias erigir para que el juego del Bayern fuera todavía más dominante.

Su Ajax maravilló al mundo entero: campeón de la UEFA, de Europa y de la Intercontinental. Tras su paso por el Barcelona, la selección de los Países Bajos y el AZ, Van Gaal llegó a Múnich dispuesto a instaurar una nueva manera de entender el fútbol. Como todo lo nuevo, encontró resistencias. Al final, no obstante, y a pesar de que su estada en la capital bávara no fue larga en el tiempo (2009-2011), su mirada futbolística sirvió de guía para el futuro.

Paralelamente, en Dortmund se estaba cimentando el proyecto que marcaría los primeros años de la década. Este tendría nombre y apellido: Jürgen Klopp. Básicamente porque el técnico de Stuttgart consiguió que su equipo plasmara no solo su ideario futbolístico, sino incluso su manera de ser. El BVB fue un conjunto alegre, desinhibido, voraz, audaz, valiente... especialmente memorable, y recordada por muchos, fue la eliminatoria de semifinales de la Champions League 2012-2013 contra el Real Madrid, pero nos situaremos un año antes. El Dortmund ganó el primer y único doblete de su historia de la mano de Klopp. Los negriamarillos, de esta forma, defendieron el título de la Bundesliga que ya habían ganado en 2011. Además, añadieron una Pokal que tuvo un sabor especial por el desenlace de la final contra el Bayern.

LA FINAL DE 2012

12 de mayo de 2012. El Dortmund llegaba al Olímpico de Berlín como bicampeón de Alemania. En la final esperaba el Bayern de Heynckes. Aquel día, el BVB jugó un partido inteligentísimo. El conjunto de Jürgen Klopp supo contrarrestar el potencial y las virtudes del rival, que en gran medida expresaba su fútbol a partir de la simbiosis que creaban en pasillos exteriores sus parejas de lateral-extremo: Lahm-Robben en la derecha y Alaba-Ribéry en la izquierda. Klopp preparó un sistema de ayudas que maniató el talento del Bayern en esas zonas. Una auténtica telaraña.

Gündoğan (© Panini)

Los extremos, Robben y Ribéry, no tuvieron casi nunca situaciones de uno contra uno. Blaszczykowski hacía la ayuda a Piszczek, y Grosskreutz a Schmelzer. Cuando Lahm se incorporaba en la derecha, o Alaba en la izquierda, aparecían Gündogan o Kehl para hacer un 3 contra 2. El Dortmund tuvo superioridades numéricas defensivas en los sectores donde el Bayern era capaz de generar más desequilibrio. Incluso se produjo alguna situación de 3 contra 1: Robben contra Schmelzer y doble cobertura de Grosskreutz con Gündogan por si acaso. Los extremos del Bayern se rebelaron e incluso podríamos decir que jugaron un buen partido —Ribéry marcó un golazo—, pero Klopp supo minimizar su potencial.

En realidad, el Dortmund adaptó su plan habitual para triunfar. La famosa contrapresión (*gegenpressing*) apareció alguna vez en los primeros instantes, pero el equipo de Klopp trabajó, sobre todo, con un sistema defensivo que procuraba recuperar en zonas menos altas para luego poder cabalgar con espacios. Especialmente importante, en este sentido, fueron las actuaciones de Kagawa y Lewandowski. El nipón fue el interruptor que encendía las vertiginosas transiciones hacia la portería de Manuel Neuer. Recepción, giro y electricidad en la conducción. Las conexiones por dentro de Gündogan con Kagawa fueron un valioso argumento ofensivo. Cuando eso no era posible, normalmente por la presión alta del Bayern, el recurso de buscar en largo a Lewandowski significó una fuente inagotable de ventajas. El delantero polaco se impuso en el duelo con Boateng para bajar esos balones y permitir a su equipo instalarse en campo contrario. Lo de instalarse es un eufemismo porque, en realidad, cuando Lewy ganaba esos balones el Dortmund procuraba terminar con premura sus acciones de ataque. En cualquier caso, el BVB tenía claro su plan, y más después de adelantarse pronto en el marcador (1-0 Kagawa, minuto 3).

El primer gol del encuentro nace de una magnífica acción de Lewandowski, que arrastra a Badstuber y abre un precioso espacio entre él y Alaba que Kuba sabe aprovechar para servir el tanto a Kagawa. Ávidos y audaces movimientos, un incasable trabajo de espaldas a portería y una determinación fascinante ante Neuer. Lewandowski jugó una gran final y la rubricó con tres goles. El Dortmund marcó cinco en total. El 5-2 supuso coronar una temporada histórica para el club gracias a la consecución de los dos títulos nacionales (Bundesliga y Pokal).

Aquel verano volvería a la ciudad Marco Reus, que fue escogido futbolista del año en su última temporada con el Borussia Mönchengladbach. Nacido en Dortmund y criado en las categorías inferiores del club, el fichaje de Reus contrarrestaba la salida de Kagawa en dirección al Manchester United.

MICHAEL ZORC

Más allá de la emocionante propuesta colectiva del Dortmund, en estos años Jürgen Klopp enseñó algo que también ha caracterizado su carrera como entrenador: la mejora del jugador. Tejer equipos con sello es un gran mérito. Si, además, se consigue que los futbolistas progresen y que vean claramente su evolución a nivel individual, la credibilidad del entrenador se verá fortalecida de manera exponencial. Ocurrió en Dortmund, de manera muy evidente, con distintos jugadores. Es cierto que en este punto también hay que alabar el magnífico trabajo de *scouting* que ha realizado el BVB durante los últimos años. Es fundamental detectar el talento y anticiparse. Sven Mislintat, que luego trabajó como jefe de *scouting* en el Arsenal y director deportivo del Stuttgart, fue un gran activo del Dortmund en este sentido. Todo ello liderado por Michael Zorc.

Antiguo campeón de copa, de liga y de Europa como jugador, Zorc desarrolló en el club de su ciudad importantes tareas en los despachos. Máximo responsable de la parcela deportiva durante más de dos décadas —a partir de 2005 con el cargo de director deportivo— suya fue la firma en los fichajes de grandes talentos: Mats Hummels, Jakub Blaszczykowski, Lukasz Piszczek, Shinji Kagawa, Robert Lewandowski, Ilkay Gündogan, Jadon Sancho, Erling Haaland... la lista de jugadores que llegaron al Dortmund siendo desconocidos para el gran público y que luego hicieron carrera, o directamente jugaron en los clubes más poderosos del continente, es interminable. Buena parte de ellos pasaron por las manos de Jürgen Klopp, que los mejoró y los ayudó a dar el salto al máximo nivel. Zorc siguió en el club hasta el verano de 2022, cuando Sebastian Kehl, también antiguo jugador del BVB, cogió su relevo.

EL TRIPLETE DE HEYNCKES

El Borussia Dortmund había ganado las dos primeras Bundesligas de la década y el doblete del 2012. La llegada de Marco Reus, que prefirió volver al club de sus amores en lugar de recalar en el Bayern, daba a entender que el equipo *borusser* estaría en condiciones de seguir mandando. Ocurrió que el Bayern jugó aquella

temporada con sangre en los ojos y lideró la tabla de la primera a la última jornada. El club bávaro venía de ser subcampeón en las tres competiciones (liga, copa y Champions), y la respuesta fue ganar absolutamente todos los torneos que disputó durante la temporada 2012-2013 —el triplete, el primero en la historia del fútbol alemán, además de la supercopa ante el propio Dortmund en el inicio de la campaña—.

La del conjunto de Heynckes no fue una simple exhibición de poder, fue una venganza. El técnico convenció a la plantilla que era posible ganarlo todo. El fútbol había sido demasiado cruel con ellos, sobre todo en la final de la Champions en casa contra el Chelsea, cuando el Bayern cayó en penaltis a pesar de ser muy superior durante los 120 minutos. En lugar de bajar los brazos, el club se lamió las heridas y atacó con una fiereza descomunal durante la siguiente temporada. Aquel equipo de Heynckes, que era temible por su juego exterior —Lahm-Robben y Alaba-Ribéry—, construyó también una estructura granítica por dentro sustentada en 'el doble 6' Schweinsteiger-Javi Martínez. Además, Manuel Neuer en un extremo del campo y el poder de Thomas Müller, Mario Mandzukic, Mario Gómez o Claudio Pizarro en el otro, aseguraban suficiencia y determinación en las áreas.

Heynckes (© Panini)

El Bayern ganó la Bundesliga con un récord de 91 puntos, nunca antes conseguido, y 25 de diferencia sobre el Dortmund, el margen más exagerado respecto al segundo. El conjunto de Heynckes superó en la final de la Pokal al Stuttgart (3-2) para completar el triplete, puesto que una semana antes ya había ganado la quinta Copa de Europa de la historia del club en una fabulosa final contra el Borussia Dortmund. El equipo de Klopp no pudo mantener el ritmo de su rival en la Bundesliga, pero a nivel continental siguió maravillando con su enérgico juego.

Los dos clubes alemanes se habían plantado en las semifinales de la Champions League y allí esperaban el Real Madrid de José Mourinho y el Barça post-Guardiola con todas sus figuras (Messi, Xavi, Iniesta, Busquets, Piqué, Alves, Valdés...). Aquella misma temporada, el Barcelona de Tito Vilanova sería campeón de liga con 100 puntos, igualando el récord del Real Madrid de la campaña anterior. Los dos grandes del fútbol español se sentían poderosos y esperaban medir sus fuerzas en la final de Wembley, en un escenario inmejorable. No pudo ser.

Borussia Dortmund y Bayern München golearon a sus respectivos rivales, 4-1 al Real Madrid y 4-0 al Barcelona, en los partidos de ida disputados en tierras alemanas. El BVB sufrió en los últimos minutos de la vuelta por el efecto del Bernabéu (1-0 min. 83 y 2-0 min. 88), pero certificó su pase a la final. El Bayern siguió a la suyo y volvió a golear al Barcelona en su campo (3-0) para infligirle su mayor derrota en el global de una eliminatoria europea. Dortmund y Bayern se citaban en el templo del fútbol inglés.

LA FINAL DE WEMBLEY

Fue una bonita manera de celebrar los 50 años de la fundación de la Bundesliga. Dos de sus clubes más populares y tradicionales se veían las caras en la catedral del fútbol para dilucidar quién sería campeón de Europa. El Dortmund tenía la baja por lesión de Mario Götze —ya se sabía que había fichado por el Bayern de cara a la siguiente temporada—, pero Klopp dispuso un eje central de gran nivel y capacidad creativa: Hummels, Gündogan, Reus y Lewan-

dowski. El BVB dominó durante los primeros minutos y Neuer tuvo que aparecer en más de una ocasión para mantener el cero en su portería.

Poco a poco el Bayern fue corrigiendo algunos espacios que estaba concediendo entre líneas. Se encargaron de ello, sobre todo, Schweinsteiger y Javi Martínez. Un cabezazo al larguero de Mandzukic fue el primer aviso importante del equipo de Múnich. Ya en la segunda parte, el mismo delantero croata adelantó a su equipo culminando dentro del área pequeña una brillante combinación entre Ribéry y Robben (el francés juntó a tres rivales antes de filtrar para su compañero de fatigas).

El Dortmund empató ocho minutos después (min. 68), cuando Gündogan transformó un claro penalti de Dante sobre Reus. El tramo final del partido fue sensacional. Ambos equipos supieron mantener el ritmo trepidante y ofrecieron un gran espectáculo a los espectadores. Hummels tuvo una clara ocasión a la contra y entre Weindenfeller —sacando sendos chuts de Alaba y Schweinsteiger— y Subotic —casi sobre la misma línea a intento de Müller— evitaron el segundo del Bayern. Este no llegó hasta el minuto 89, cuando Boateng envió un balón parado desde su propio campo al desmarque de Ribéry hacia la corona del área. La bajó con calidad y la dejó, con sutileza y de tacón, para la llegada de Robben. El neerlandés apareció como una centella, se fue de la defensa y engañó al portero del Dortmund con tres dulces toques que ya son icónicos. La pelota entró a cámara lenta. El Bayern era campeón de Europa por quinta vez.

Jupp Heynckes completó una temporada histórica —nunca nadie había acumulado supercopa, liga, copa y Champions en una misma campaña— y dejó paso a Pep Guardiola. De hecho, el técnico alemán ya sabía en enero que sería relevado en el cargo. Después llegaron los tres grandes títulos con récord incluido en la Bundesliga. Más allá de los trofeos y de la tradicional mentalidad ganadora del club, el Bayern quería construir sobre el modelo futbolístico que representa Guardiola. Este factor, sumado evidentemente al éxito que el entrenador catalán tuvo en el Barça, fueron determinantes para entender el fichaje. Empezaba en la Bundesliga algo que luego tendría continuidad en la Premier League, una apasionante lucha de ideas.

Guardiola dijo: "Klopp es el mayor rival que he tenido en mi carrera". El técnico alemán ya había sentenciado: "Guardiola es el mejor entrenador del mundo". De sus propuestas futbolísticas, y de las ideas expresadas en el campo también por otros entrenadores vanguardistas, como Tuchel o Nagelsmann, van naciendo aspectos que marcarán la evolución de este juego. En cualquier caso, los duelos Klopp-Guardiola, que años después vivirán su zenit en la Premier League, tuvieron su génesis en la Bundesliga.

Guardiola llegó al Bayern y dijo que tocaría pocas cosas, puesto que el equipo venía de triunfar con Heynckes. Aquí nace un debate más profundo y que afecta a uno de los clichés del fútbol. A menudo se dice que cuando las cosas funcionan no hay que tocarlas, pero ocurre que es justamente al revés. Cuando todo ha ido bien es cuando necesitas ir renovando ideas, propuestas y jugadores. Por muchos factores. Si no cambias absolutamente nada lo más normal es que el rival, que no es estúpido, te vaya cogiendo la matrícula. Además, el hecho de actualizar propuestas futbolísticas y la confección de la plantilla te asegura nuevos estímulos. Así es más difícil que algún día llegue la autocomplacencia y, en cambio, incentivas el hambre y la motivación.

Guardiola, en efecto, tocó cosas, y llegó a Múnich el mismo verano que Götze y Thiago. El técnico catalán insistió: "O Thiago o nadie". Y fue Thiago. El entrenador jugó con todas las posibilidades de su plantilla y visualizó nuevos roles para jugadores que eran fijos en determinadas demarcaciones. El caso más evidente es el de Philipp Lahm. Apostó por él como mediocentro. El capitán, acostumbrado a actuar de lateral, disfrutó la experiencia de ser punto neurálgico del juego y participar de todas las secuencias con balón. El Bayern de Guardiola ganó la Bundesliga antes que nadie, a finales de marzo, y sumó en el palmarés dos títulos que el club todavía no tenía en sus vitrinas: la Supercopa de Europa, después de una apasionante final ante el Chelsea de Mourinho resuelta en los penaltis gracias a un gol de Javi Martínez en el minuto 120 + 1, y el

Mundial de Clubes de la FIFA. Además, el equipo muniqués ganó la Pokal superando en la final al Dortmund de Klopp.

Aquel día, Guardiola sorprendió cerrando con tres por delante de Neuer —Boateng, Martínez y Dante, de derecha a izquierda— y dando los carriles a Rafinha —en la izquierda— y al jovencísimo Hojbjerg en la derecha. Lahm y Kroos se encargaron de la sala de máquinas, con Götze y Müller como interiores más adelantados y Robben en punta. A la media hora entró Ribéry por el lesionado Lahm y los roles fueron cambiando dentro de la misma estructura. El Bayern ganó en la prórroga (2-0) y se hizo con el doblete.

El conjunto de Guardiola ganó tres ligas seguidas con tremenda suficiencia y el entrenador se despidió con otra final de Pokal, en este caso ante el Dortmund de Tuchel. Kimmich jugó en el eje de la defensa y el Bayern ganó por penaltis. Un par de semanas antes, el equipo bávaro había caído en las semifinales de la Liga de Campeones ante el Atlético de Madrid. Chutó más de treinta veces y encerró al rival en su área durante buena parte del encuentro de vuelta en Múnich. No fue suficiente, cosas del fútbol. Difícilmente un equipo había hecho tanto a cambio de tan poca recompensa. El entrenador del Atlético, Diego Simeone, y varios de sus futbolistas, reconocieron luego que nunca habían sufrido tanto en un campo de fútbol.

Guardiola (© Panini)

EL LEGADO DE PEP

El ciclo de Guardiola en el Bayern fue entendido en el club como una tercera etapa, después de las de Van Gaal y Heynckes, en el recorrido hacia una clara identidad futbolística. El entrenador catalán estableció una serie de recursos relacionados con el juego de posición que todavía pueden apreciarse en el catálogo futbolístico del equipo y, además, trabajó para que la profesionalización en ciertas estructuras del club fuera todavía mayor.

Guardiola también supo mejorar, o perfeccionar, a futbolistas que ya eran élite: Neuer fue todavía más valiente fuera del área, Boateng se convirtió en un central de clase mundial con una capacidad increíble para filtrar balones o encontrar a los alejados con precisos envíos largos, Lahm descubrió que su magnífica interpretación del juego lo podía convertir en un gran centrocampista, Kroos empezó a marcar los tiempos del partido desde una posición central, Ribéry mejoró su juego interior, Kimmich y Alaba cultivaron su polifuncionalidad... en definitiva, los jugadores que pasaron por las manos de Guardiola supieron apreciar su evolución en el juego y en cuanto a conocimientos futbolísticos.

Pero, además, Guardiola también aprovechó su experiencia en Múnich para ampliar su mirada futbolística e incorporar a su repertorio distintos elementos o ideas que aprendió en Alemania. En la Bundesliga, de hecho, nació la que seguramente sea una de sus grandes señas de identidad a nivel táctico: los laterales interiores. Como casi todo, ya se había hecho antes, pero él incorporó al movimiento sus propios objetivos. Por un lado, mejorar la salida de balón y la circulación de la pelota tratando de generar superioridades por dentro. Por el otro, tejer una red de seguridad en caso de pérdida para cortar de raíz los contragolpes del rival. Guardiola entendió que la Bundesliga era la liga de los contraataques y las rápidas transiciones. Estas son más dañinas por dentro puesto que, al ser en línea recta, su recorrido hacia tu portería es más corto. Así, pues, con una estructura estrecha abajo tienes más posibilidades de cerrar esa puerta. Los laterales interiores, que después hicieron fortuna en Inglaterra con el Manchester City, son en realidad un invento gestado en Alemania y gracias a las particularidades de la Bundesliga.

CAPÍTULO 8

HANSI FLICK Y EL AÑO DE LOS SEIS TÍTULOS

Las dos ligas del Dortmund de Klopp en el inicio de la década dejaron paso a un dominio abrumador del Bayern. Nunca antes un equipo había ganado más de tres ligas de manera consecutiva. En el año 2022, el conjunto de Múnich firmó su décimo campeonato seguido. Durante este tiempo, vimos algunos denominadores comunes; los grandes jugadores y entrenadores —Heynckes, Guardiola, Ancelotti…— que pasaron por la capital bávara, la incapacidad del Dortmund de aguantar la presión en los momentos más calientes —pudo dejar la racha rival en seis títulos, pero dilapidó nueve puntos de ventaja—, la facultad del Bayern para regenerar el equipo y su hambre competitiva y, también, el acierto del club en el momento tomar decisiones drásticas cuando las cosas empezaban a torcerse. La entidad muniquesa destituyó a Ancelotti para recuperar a Heynckes, que levantó la liga del 2018, e hizo lo propio con Niko Kovac un par de años después. Había ganado un doblete, pero el juego no deslumbraba. La desconfianza seguía presente en el inicio de la siguiente campaña y, en otoño, después de recibir una goleada en Frankfurt (5-1) fue cesado. En su lugar, como interino, llegó Hansi Flick.

El club había traído a su antiguo jugador durante los ochenta, y asistente de Löw en la selección, aquel mismo verano. Fue el ayudante de Kovac hasta que asumió el cargo el 3 de noviembre de 2019. Terminó siendo un día crucial, puesto que marcaría el comienzo de un camino único en la historia del fútbol.

Flick (© Panini)

Las primeras sensaciones ya fueron muy buenas, con cuatro victorias seguidas —parcial de 16-0 con un 4-0 incluido al Dortmund— y una cara muy distinta a nivel de juego. Luego llegaron dos derrotas al hilo por la mínima contra Leverkusen y Borussia, pero el equipo seguía jugando bien y por ocasiones habría podido ganar tranquilamente ambos partidos. Flick fue confirmado como entrenador a finales de diciembre. El Bayern, que había perdido el día 7 de aquel mes en Mönchengladbach, ya no volvería a ser derrotado hasta el 27 de septiembre del año siguiente. Entremedias, treinta y una victorias, un solo empate, una racha récord de veintitrés triunfos consecutivos entre todas las competiciones y el triplete del 2020 —más la Supercopa de Europa—. El Bayern de Flick añadiría la Supercopa de Alemania y el Mundial de

Clubes para coronar el año más exitoso en la historia del club, el año de los seis títulos.

Los récords que destrozó aquel equipo no caben en este libro: conjunto con mejor promedio goleador en la Champions, único equipo en la historia de las competiciones europeas que ganó el título con pleno de victorias —las primeras tres corrieron a cargo de Kovac—, quince triunfos consecutivos en la máxima competición continental, etc. Pero, por encima de todo, el Bayern de Flick impactó por su manera de jugar. Fue un equipo con una personalidad arrolladora: ofensivo, agresivo, voraz, indomable, devastador, extremadamente valiente... jugaban como si supieran que no podían perder, o como si perder fuera absolutamente igual.

La altura de la última línea defensiva, la capacidad de comprimir el equipo o de saltar a presionar al rival incluso dentro del área contraria fueron elementos del Bayern de Flick que impresionaron al público. Los jugadores se comportaban tal *berserkers* en trance irrumpiendo en la batalla. En realidad, esta conducta escondía varias cosas. De entrada, una conciencia colectiva: era mucho mejor expresarse en función de las virtudes propias que intentar camuflar los defectos. El plan era imponer el plan. Asimismo, más allá de la mentalidad y del potencial físico que a todos deslumbró, en el equipo habitaba un exquisito nivel técnico y una tremenda inteligencia táctica.

David Alaba se consagró como un central zurdo de extraordinario talento creativo. Sus conducciones y sus pases, filtrados entre líneas o buscando directamente al extremo, aseguraban una salida impoluta. El austríaco formó eje de la zaga con Boateng, en su último y gran servicio al club. En la izquierda, el Bayern disfrutó con la irrupción de Alphonso Davies. Un torbellino, una fuerza de la naturaleza indomable. En la derecha, Pavard garantizaba otra lúcida estación para progresar en el juego. Kimmich también actuó en esta posición como, por ejemplo, en la final de la Champions ante el PSG. Una inteligente recepción suya, cayendo hacia dentro, propició el magnífico pase de Thiago en la acción decisiva del partido. El centrocampista hispano brasileño tenía las llaves del equipo. Jugando de 6 firmó unos primeros meses de 2020, y un torneo final

en Lisboa, de un nivel sensacional. Kimmich y Goretzka, igualmente, tuvieron un rol determinante en el centro del campo. En los extremos, Coman era sinónimo de desequilibrio permanente. Pocos frenan, aceleran, repiten esfuerzos y driblan como él. Gnabry, de mirada vertical y colmillo afilado, percutía con sus recorridos interiores. Incluso Coutinho, que venía del ostracismo en Barcelona, supo adaptarse a la dinámica del grupo. Perisic aportó determinación, mentalidad ganadora y espíritu de lucha. Arriba, el tándem Müller-Lewandowski lideraba las acometidas al área con su formidable simbiosis. Y si algo fallaba, estaba Neuer para salvar los muebles. Jugadores como Süle, Lucas Hernández, Tolisso o Javi Martínez sostenían la necesaria profundidad de plantilla. En verano de 2020, además, el club fichó a Leroy Sané y Jamal Musiala, un talento prodigioso, empezó a tener minutos con el primer equipo.

La harmonía colectiva que respiraba aquel equipo desencadenó el histórico año de los seis títulos, adornado con majestuosos e incluso legendarios partidos. En la memoria de todos quedará el 8-2 contra el Barcelona en Da Luz en los cuartos de final de la Copa de Europa, pero aquel Bayern dejó otras muchas exhibiciones soberbias. Fue el equipo de los alaridos. En tiempos de pandemia, y sin público en las gradas, los gritos de aquellos jugadores animándose y celebrando goles fueron tan atronadores como su fútbol.

PARTE
CONTEMPORÁNEA

CAPÍTULO 9

JÜRGEN KLOPP Y SU LIVERPOOL

Jürgen Klopp (16/06/1967; Stuttgart, Alemania) es una de las figuras más carismáticas del fútbol europeo. Sus incuestionables éxitos como entrenador van de la mano de un carácter enérgico y extrovertido y de una personalidad desacomplejada. Cuando en 2015 el Liverpool lo contrató para reverdecer viejos laureles en uno de los clubes más grandes de la historia dijo: "Mi misión es convertir a los incrédulos en creyentes". Y lo consiguió. Pero ¿cuándo y dónde empezó el trayecto?

Klopp (© Panini)

Klopp forjó su identidad como entrenador en Alemania. Sus experiencias en Maguncia y Dortmund sirvieron a ambos clubes para instalarse en una dimensión superior. A él, como técnico, su paso por la Bundesliga le ayudó a ir moldeando su estilo de juego. Se juega como se vive, y los equipos de Klopp son capaces de transmitir en el campo algunos rasgos de la personalidad de su entrenador; son conjuntos vigorosos, eléctricos, alegres, directos, ofensivos, y aquí podríamos añadir toda una retahíla de sinónimos relacionados con la manera que tiene Klopp de entender la vida, ergo el fútbol.

LOS INICIOS

El técnico alemán empezó su carrera deportiva como jugador en distintos clubes modestos de Alemania: TuS Ergenzingen, 1. FC Pforzheim, Viktoria Sindlingen, Rot-Weiss Frankfurt y, finalmente, Mainz. Tuvo un breve paso por el filial del Eintracht Frankfurt, pero fue en Maguncia donde pudo disfrutar del fútbol profesional durante más de una década (1990-2001). Eso sí, fue en la 2. Bundesliga. Nunca llegó a jugar un solo partido en la máxima categoría del fútbol alemán.

El Jürgen Klopp futbolista jugó de casi todo; lateral derecho y central —con su más de 1,90 m—, pero también interior, centrocampista ofensivo e incluso delantero centro. Según datos de Transfermarkt.de, marcó 56 goles en 340 partidos con el 1. FSV Mainz 05. Y fue justamente en Maguncia donde le dieron su primera gran oportunidad como entrenador. El 25 de febrero de 2001 jugó su último partido con el club de Renania-Palatinado. Tres días después ya estaba sentado en el banquillo para dirigir al Mainz en su partido de la 2. Bundesliga contra el MSV Duisburgo (1-0). En la página oficial de la Bundesliga lo explican así:

> A finales de febrero de 2001 el equipo estaba en puestos de descenso a Tercera División y en los anteriores 12 meses ya habían desfilado cinco entrenadores. Klopp, que apenas unos días antes había puesto fin a su carrera como futbolista, fue elegido entrenador interino. El equipo evitó el descenso y

a final de temporada Jürgen Klopp fue nombrado entrenador con todas las de la ley.

En su tercera temporada entera con los carnavaleros consiguió el ascenso a la Bundesliga. El proyecto se coció a fuego lento y el Mainz lo agradeció porque, una vez establecido el club en la élite del fútbol alemán, el conjunto de Maguncia empezó a escribir su propio relato hasta convertirse en un clásico de la categoría. Es verdad, de todas formas, que con Klopp en el banquillo el equipo volvió a bajar en el año 2007. La siguiente temporada fue la última del entrenador en el club y el Mainz se quedó a las puertas de volver a la máxima división. La página oficial de la Bundesliga recuerda aquel momento:

> En la 2005/06 el Mainz participó por primera vez en la Copa de la UEFA, cayendo en la primera ronda ante el Sevilla, que terminó proclamándose campeón de la competición. Sin embargo, en la 2006/07 descendió a Segunda División y en la siguiente temporada no consiguió volver a la Bundesliga, la condición que se autoimpuso Klopp para renovar. Al no lograrlo abandonó el equipo en junio de 2008.

LA SEMILLA EN MAGUNCIA

Así pues, el Mainz volvió a empezar ya sin Klopp, pero el más tarde entrenador del BVB y del Liverpool plantó allí una semilla que se encargarían de regar futuros técnicos. Thomas Tuchel es, evidentemente, el más conocido de la saga. Entrenó al Mainz durante cinco temporadas, pero no fue el único entrenador que, a lo largo de la pasada década, se encargó de dotar al club de una estructura profesional y de una idea futbolística que, siempre con matices, ha propiciado que el equipo renano sea ya uno de los conjuntos tradicionales de la liga. De hecho, desde la temporada 2009/2010 el Mainz juega ininterrumpidamente en la máxima categoría del fútbol germano.

Por allí han pasado, más allá de Klopp y Tuchel, nombres como Martin Schmidt o Sandro Schwarz. El primero terminó siendo di-

rector deportivo del club después de sus experiencias en los banquillos del Wolfsburgo y del Augsburgo. Sandro Schwarz disfrutó de una etapa en Rusia, donde dirigió al Dinamo de Moscú. Después de muchas temporadas a la sombra de equipos como el Zenit, el CSKA, el Spartak o el Lokomotiv, el tradicional club moscovita volvió a sacar claramente la cabeza entre los grandes del campeonato. Además, Schwarz pulió a joyas del fútbol ruso, como Konstantin Tyukavin o Arsen Zakharyan. El entrenador alemán, natural de Maguncia, volvió luego a la Bundesliga aceptando una oferta del Hertha Berlín.

Achim Beierlorzer es otro de los entrenadores que tuvo el Mainz en la etapa post Klopp. El técnico bávaro es un hombre de la factoría RB. Entrenó a los juveniles del Leipzig, fue asistente de Ralf Rangnick y de Jesse Marsch, e incluso llegó a ser entrenador interino del primer equipo. Veremos, a lo largo del libro, cómo distintos nombres propios se van repitiendo. De hecho, la historia moderna del fútbol alemán tiene mucho del linaje que en su día empezó a construir Ralf Rangnick. De eso nos encargaremos más tarde.

En el año 2022 el entrenador del Mainz era el danés Bo Svensson. Como jugador fue un defensa central que marcó una era en el club. Formado en el Copenhague, se incorporó al Mainz procedente del Borussia Mönchengladbach. Su primera temporada en Maguncia coincide con la última de Klopp en el banquillo. Luego Svensson jugaría en el club otras seis campañas. Su formación como entrenador, después de pasar por las categorías inferiores de la entidad renana, también contempla una estación en la factoría RB, sobre todo como técnico del FC Liefering, un club satélite de Segunda División que ejerce de filial del RB Salzburgo. Así pues, Svensson incorpora en su currículum experiencias bajo la batuta de Klopp y también como formador en un equipo de la Red Bull, con el sello estilístico que ello conlleva.

El técnico danés llegó a Maguncia porque el club estaba buscando una solución de emergencia, y a la desesperada, para evitar un descenso que no se producía desde hacía más de una década. A principios de enero del año 2021 el equipo era penúltimo en la tabla con solo seis puntos. Se encontraba a cuatro unidades del puesto de *relegation* —la promoción de permanencia, en este caso—. El Mainz ya había quemado a tres entrenadores durante el curso y necesitaba un golpe de efecto. Llegó bajo la dirección de Bo Svensson. Con él, el equipo jugó la mejor segunda vuelta de su historia (32 puntos) y certificó su continuidad en la Bundesliga.

LA CONSTRUCCIÓN DE UN PROYECTO GANADOR

Pero volvamos a la figura de Jürgen Klopp, después de este breve recorrido a través de la última década de su primer club como entrenador. El Liverpool de Klopp fue adquiriendo la madurez propia de los grandes equipos, y todo con una ideología futbolística muy clara. La sensación es que los jugadores llegaron a ejecutar de memoria el libreto táctico de su entrenador y, sobre todo, que ya tenían tal comprensión del modelo que eran capaces de encontrar distintas soluciones a partir de la interpretación del juego. Esto se vio, por ejemplo, en el último partido de la fase de grupos de la Champions League 2021/2022, en San Siro. El Milan aspiraba a clasificarse. El Liverpool, que lo tenía todo hecho como primero de grupo, jugó con futbolistas menos habituales —Williams, Phillips, Tsimikas, Morton, Minamino...—. Aun así, el equipo fue absolutamente reconocible. Y ganó.

van Dijk (© Panini)

Además, los nuevos fichajes —Diogo Jota o Luis Díaz— siempre caen de pie. Es como si no necesitaran proceso de adaptación. En esto, evidentemente, juega un papel fundamental una dirección deportiva con un departamento de *scouting* que se encarga de buscar y, normalmente, encontrar a los jugadores más indicados para el modelo de juego. Michael Edwards fue director deportivo del club desde el año 2016 y hasta el término de la temporada 21/22. En total, trabajó para el Liverpool durante más de una década; responsable de análisis, jefe de metodología, director técnico y, finalmente, director deportivo. Llevan su firma, por ejemplo, los fichajes de Mohamed Salah, Virgil van Dijk, Alisson, Andy Robertson o Fabinho. Son jugadores que llegaron para solucionar problemas concretos. Con Van Dijk y Alisson, por ejemplo, la estructura defensiva del Liverpool adquirió una solidez desconocida. Todos estos fichajes, al final, se acabaron consagrando entre los mejores del mundo en sus respectivas posiciones. Además, el Liverpool consiguió encontrar los refuerzos y perfiles necesarios sin acometer locuras en el mercado. Es verdad que pagaron 84 millones de euros por Van Dijk y 62 por Alisson, pero el balance económico del lustro (fichajes/traspasos) es muy bueno. Desde verano de 2017 —primer mercado veraniego en el cual Edwards ya ejercía de director deportivo— hasta invierno de 2022, el Liverpool invirtió en fichajes la cantidad neta de 219 millones de euros —restando lo ingresado en traspasos de lo gastado en fichajes, según datos de Transfermarkt.de—. Esos 219 millones están por debajo, o hasta muy lejos, de las cantidades invertidas por clubes como el Everton (243), el Aston Villa (245), el Tottenham (257), el Manchester United (532) o, a nivel internacional, el Milan (381). No hace falta repasar los éxitos deportivos de unos y otros durante este periodo. El Liverpool ocupa la decimotercera posición entre los clubes que más dinero han invertido en fichajes durante el último lustro y, en cambio, convendremos que estamos hablando de uno de los mejores equipos a nivel continental de esta era. Jürgen Klopp, en harmonía con la dirección deportiva del club, consiguió establecer en la élite absoluta al Liverpool después de muchos años de no formar parte de la aristocracia del fútbol europeo. Es cierto que durante la sequía de treinta años sin ganar una liga (1990-2020) el conjunto *red* fue capaz de levantar la Champions, pero podríamos decir tranquilamente que hasta la llegada de Klopp el club no tuvo una estabilidad en la cima. Y esto llevaba siendo así desde los ochenta.

INTER-LIVERPOOL, FESTIVAL DE PRESIONES

Un partido que ilustra bien la sensación de poder del Liverpool, y de gigante del fútbol europeo establecido en la élite, es el Inter-Liverpool correspondiente a los octavos de final de la UEFA Champions League 21/22. El encuentro, disputado en el Giuseppe Meazza de la capital lombarda, enfrentaba a dos clásicos del fútbol continental. Inter y Liverpool ofrecieron un espectáculo delicioso, sobre todo en cuanto a la lucha por salir de las presiones que planteaba el oponente.

El conjunto local, bajo la batuta de Simone Inzaghi, planteó el mismo esqueleto táctico del Inter campeón de la Serie A con Antonio Conte. Después de nueve años de reinado de la Juventus, el equipo de Milán supo cortar la hegemonía con una propuesta muy rica tácticamente, pero siempre ordenada bajo este 3+2 (centrales + laterales/carrileros) que es seña de identidad del técnico de Lecce. Con el cambio en el banquillo y la llegaba de Inzaghi, nada mutó en este sentido. Incluso los jugadores que llegaron para sustituir a Lukaku y Achraf Hakimi —Dzeko y Dumfries—, fueron escogidos por su perfil específico y la capacidad de adaptarse a dicha estructura.

En este sentido, si ya con Conte el Inter trabajaba mecanizadas salidas para tener una primera acción limpia desde atrás, con Inzaghi la sensación es que el equipo siguió evolucionando en este sentido. En el Inter es habitual ver distintos módulos en las maniobras para salir desde atrás. Los automatismos, en este sentido, son muy ricos. Un hombre de capital importancia en esa tarea es el internacional croata Marcelo Brozovic, quien a menudo se encarga de detectar la zona más propicia para salir y dar apoyo al compañero. Habituales son, también, movimientos como lateralizar al mismo Brozovic, o a algún otro compañero, y dar vuelo al central del costado —normalmente al zurdo Bastoni— para que gane altura e incluso busque desmarques de ruptura en zonas muy adelantadas.

Así las cosas, al Liverpool se le planteaba un reto realmente interesante. Es un equipo que con Klopp destaca, precisamente, por su presión asfixiante en campo contrario. En Milán se iba a enfrentar a un conjunto que, en principio, parecía diseñado para superar tal amenaza. Además, el Inter también era consciente de que necesitaba inquietar al Liverpool en el mismo sentido, apretando su salida desde atrás. Y durante muchos minutos lo consiguió.

Lautaro sobre Van Dijk, Dzeko con Konaté, Dumfries atento a Robertson y Perisic pendiente de Alexander-Arnold. Esas fueron, por ejemplo, las parejas que estableció el Inter para tener atados a los cuatro defensas del Liverpool. Puntas con centrales y carrileros altos con laterales. Bajaba Fabinho y saltaba Brozovic. Ayudaba Thiago, y aun así el equipo inglés sufría para tener una salida limpia.

El partido fue un festival de presiones. En el otro lado del campo, el Inter tampoco lo tenía fácil para saltar el primer muro de contención que planteaba su rival. El equipo local iba modificando el rol de sus jugadores, de manera que, por ejemplo, podías ver a Arturo Vidal formar una primera línea de tres con Skriniar por dentro y De Vrij en la izquierda. Si eso pasaba, el interior Elliott iba con el chileno, Mané se ubicaba pendiente de Skriniar y Salah saltaba a De Vrij. Diogo Jota, el delantero centro del Liverpool, se situaba unos metros más atrás, pendiente del movimiento de Brozovic. El equipo *red* recuperaba y el Inter también sufría.

Son solo un par de ejemplos de un partido que estuvo claramente marcado por la presión. En un momento en que seguramente sea este aspecto del fútbol, las presiones agresivas y adelantadas, una de las señas de identidad más propias del juego contemporáneo, Inter y Liverpool ofrecieron un espectáculo en este sentido.

Pero el Liverpool tuvo más oficio. Una jugada, puramente defensiva, fue buena muestra de ello: Lautaro contra Van Dijk, con espacios a la espalda del defensa, y el argentino buscando llegar a portería. El central neerlandés perfiló su cuerpo para, metro a metro, ir alejando a Lautaro de la zona más peligrosa, el centro, donde está la portería—. Al mismo tiempo, Van Dijk, con su excelente orientación corporal, pudo ahogar el ataque de Lautaro con tremenda sensación de suficiencia. En realidad, fue una clase magistral del concepto descrito como 'temporización defensiva' y que el entrenador Ricardo Zazo vuelve a explicar con su habitual sentido pedagógico:

> Temporizar es un recurso defensivo que lo que busca es impedir o dificultar la salida del rival. Normalmente se hace en situaciones en las que estás en inferioridad numérica y sirve para que tus compañeros lleguen a posiciones de repliegue por detrás del balón. Se trata de intentar estabilizar el ataque rival a base de mantener efectivos, intentar que el contraataque se retrase lo máximo posible.

Esto es lo que hizo Van Dijk en la jugada con Lautaro y esas fueron las pequeñas acciones que, a lo largo del partido, marcaron

la diferencia. El Liverpool se adelantó con un gol a balón parado —córner que saca Robertson y remata Firmino de maravilla—. Faltaba un cuarto de hora para el final, pero Klopp ya había cambiado el partido antes con la entrada de Luís Díaz, Henderson y Keïta. El primero, un torrente de energía, sirvió para inclinar el campo hacia la meta de Handanovic. Los segundos, junto a futbolistas como Thiago, Alexander-Arnold o Firmino, se sumaron a un circuito de pases que supo manejar los tiempos en los últimos instantes del duelo. Llegó el 2 a 0 de Salah y el Liverpool consiguió un valioso resultado de cara al partido de vuelta.

EL GEGENPRESSING

Seguramente sea este el movimiento táctico más popular de Jürgen Klopp, y seguramente lo sea por su original descripción del mismo: "El mejor mediapunta del planeta". El entrenador natural de Stuttgart se refiere a la facilidad con la que puedes llegar al gol si tú, como equipo, eres capaz de recuperar la pelota rápidamente, después de perderla, en la zona de tu 10. El rival justo está empezando la maniobra ofensiva y, por lo tanto, si enseguida vuelve a perder el balón es muy probable que su estructura defensiva no esté preparada para hacer frente a un ataque relámpago. Es la clásica presión tras pérdida, pero orientada a recuperar el balón en la zona más interesante para encontrar rápidos caminos al gol.

Para Klopp:

> el jugador más cercano tiene que saber saltar hacia el balón y así generar problemas al rival. Nuestro 9 y nuestro 10 tienen el trabajo de dividir el campo para nosotros, porque nosotros decidimos cómo de grande es el campo en el que defendemos. Para defender verdaderamente como un equipo se necesita a alguien que te dé la señal: lado izquierdo, lado derecho, etc. Entonces, si el rival está jugando en un lado específico hay que cerrar los espacios.

Klopp pone énfasis en la importancia de dificultar el juego al 6 —mediocentro— rival: "Si estamos demasiado profundos —atrás—

él puede decidir todo desde esa posición, y eso no tiene sentido. Entonces, se trata de estar bien compactados en todas las situaciones". Son explicaciones que el técnico alemán hizo en el plató de Sky Sports. Con esta última reflexión introduce otro concepto táctico: la profundidad defensiva, que podríamos identificar como la correcta reducción de espacios en dirección al balón. Se trata de conseguir que el rival tenga menos espacio y tiempo de intervención. Nos podríamos imaginar, por ejemplo, el clásico movimiento del acordeón. La cuestión es desplazarse de manera compasada de un lado hacia el otro con el objetivo de hacer el campo estrecho, a lo largo y a lo ancho, y así estresar al equipo rival. Los conjuntos de Klopp terminan dominando a la perfección estos mecanismos.

Sadio Mané, el extremo senegalés campeón de Europa y de la Premier League con el Liverpool, ahondaba en este aspecto en una interesante entrevista del periodista Diego Torres para *El País*: "Esto que a Klopp le encanta, y que llama *jugar contra la pelota*, no siempre ha sido fácil de asimilar. Pero hemos acabado por ejecutarlo de forma que podemos recuperar rápido la pelota y contragolpear, incluso en campo contrario, en donde puedes hacer mucho daño". Mané ofrece una rápida y concisa descripción de cómo Klopp inculcó su *gegenpressing* en el Liverpool y de las ventajas que ello ha conllevado para *the reds.*

Mané (© Panini)

Antes hemos visto que Klopp señalaba la importancia de tener a alguien en tu equipo que dé la señal para saltar a la presión y, en este sentido, hablaba de la relevancia que tienen en la maniobra los jugadores con el rol del 9 y del 10. Pues bien, en la entrevista de *El País* Mané parece contradecir a su entrenador... pero a lo mejor es solo eso, una apariencia. Veamos lo que responde Mané a la pregunta de Diego Torres y luego lo analizamos:

P. ¿Quién dirige la presión?

R. No hay un líder. Es un *feeling*. Algo que aprendes tras dos años de práctica con los mismos compañeros. Acabas por interpretarlo durante los partidos y se parece a coger un ritmo. Depende de cuándo dan los rivales determinado pase y a quién se lo dan. Esa es la señal para todos. Nadie da una voz. Sabemos en qué situaciones presionar y en qué situaciones replegarnos y juntarnos. Se trata de leer al rival. No necesitas que un compañero acuda para ir tras él. Cuando ves que el contrario hace determinado pase, no necesitas mirar atrás. Sabes al 100% que todos tus compañeros se moverán tras de ti. Es el rival el que te da el tempo dependiendo de cómo y con quién juegan la pelota. Esto es un pequeño secreto, pero puedo decir que el ritmo de nuestros movimientos de *pressing* lo marca el rival.

¿Cómo puede ser que Klopp diga que "para defender verdaderamente como un equipo se necesita a alguien que te dé la señal" y que Mané, uno de los jugadores que fueron más importantes en esa tarea, declare que "no hay un líder"? Pues la respuesta la da el mismo extremo africano tras el punto y seguido. Habla de *feeling* y, sobre todo, de "interpretarlo". Ahí radica la clave de toda evolución futbolística bajo un determinado método o idea; la interpretación del juego por parte del futbolista. A lo mejor al principio necesitas esquemas más rígidos, esos líderes para señalar la presión de los que hablaba Klopp, repetir procesos hasta generar automatismos, pero, al final, cuando tus jugadores ya viven e interiorizan la idea, seguramente serán capaces de interpretar las diversas situaciones y, en consecuencia, encontrar distintas soluciones en un deporte que, básicamente, es cambiante, dinámico y complejo. Y muchas de estas soluciones te las da el rival.

LOS CREYENTES

"Convertir a los incrédulos en creyentes", decía Klopp cuando iniciaba su aventura en Liverpool. Antes de eso ya había conseguido entusiasmar a miles y miles de fieles en Dortmund, donde ganó dos campeonatos de la Bundesliga, el único doblete de la historia del club y llevó al equipo a la final de la Copa de Europa de 2013 —en el capítulo 7 hemos hablado con más detalle de aquel Borussia Dortmund—, pero fue en Liverpool donde la obra futbolística del técnico de Stuttgart alcanzó su cenit. El club estaba en un momento muy bajo, pero de la mano de Klopp se convirtió otra vez en un equipo de culto. Son los títulos, pero también ha sido la manera de jugar.

Klopp aterrizó en Liverpool durante la temporada 2015-2016 como sucesor de Brendan Rodgers. Era octubre de 2015 y ya en febrero del siguiente año pudo disputar su primera final como entrenador del club, la de la Copa de la Liga inglesa. La perdió en la tanda de penaltis contra el Manchester City de Manuel Pellegrini. En mayo jugó y perdió la final de la Europa League ante el Sevilla. Era la quinta final seguida que perdía Klopp en un torneo grande, si sumamos estas dos a las de las Copas de Alemania 2014 y 2015 y a la de la Champions 2013. En la rueda de prensa tras la final de Basilea que ganaría el Sevilla, le recordaron el dato y le preguntaron si el fútbol, a veces, es injusto. Su respuesta:

> ¿Injusto? No lo sé... Hay cosas más importantes en la vida que el fútbol. No creo que Dios haya planeado para mí que llegue a una final y sea siempre noqueado. A veces el camino es un poco más duro, pero tengo mucha suerte en mi vida. Estoy aquí sentado y soy el entrenador del Liverpool, y no creo ser una persona desafortunada o que la vida haya sido injusta para mí. Seguro que no. Es verdad que esta noche no tuvimos mucha suerte, o quizás tampoco en las otras finales... pero seguiremos adelante. Yo seguiré adelante y llegaré a otra final, y en otra próxima final me preguntarás: "Has perdido tus últimas cinco finales...", pero estaré preparado para ese momento. No sé si esta es una buena respuesta, pero te

aseguro que intentaré por todos los medios llegar a otra final aun sabiendo que puedo perderla.

Y la perdió. Fue en 2018, ya en la Champions, y en Kiev ante el Real Madrid. Y lo siguió intentando. Y en 2019, después de remontar un 3-0 de la ida al Barcelona con un 4-0 increíble en Anfield —jugando sin Salah ni Firmino y con Robertson lesionándose en la primera parte— volvió a llegar a otra final. Y esta vez la ganó, escribió historia y se coronó campeón de Europa con su Liverpool. Los incrédulos ya eran creyentes desde hacía rato y al año siguiente pudieron celebrar una liga inglesa después de tres décadas, la primera Premier League del club.

CAPÍTULO 10

THOMAS TUCHEL Y SU CHELSEA

Thomas Tuchel (29/08/1973; Krumbach, Alemania) llegó al Chelsea y en cuestión de cuatro meses lo hizo campeón de Europa. El suyo fue un impacto inmediato. Con Frank Lampard en el banquillo el equipo londinense no terminaba de carburar. De hecho, en el momento de la destitución había ganado solamente tres de los últimos diez partidos en liga. El Chelsea concedía demasiado y no podía compensarlo con una ofensiva temible, más bien todo lo contrario. La directiva *blue* apostó por Tuchel, que un mes antes, a finales de 2020, había sido despedido del PSG (poco después de firmar la mejor temporada en la historia del club con los cuatro títulos nacionales y el subcampeonato de Europa en Lisboa ante el Bayern de Flick).

Tuchel (© Panini)

Llegar y besar el santo. Tuchel supo darle al equipo un empaque y una estabilidad impresionante en cuestión de días. En el fútbol, normalmente, las cosas no ocurren a esta velocidad. A pesar de las prisas que impregnan el día a día, y de los juicios categóricos de algunos medios o aficionados que van y vienen en función del resultado puntual, lo normal es que los procesos y los proyectos necesiten tiempo, algo que la mayoría de directivas tampoco están dispuestas a conceder. En el caso que nos ocupa, no obstante, todo pasó muy rápido.

Tuchel debutó con un empate a cero contra el Wolverhampton y acumuló catorce partidos seguidos sin conocer la derrota. En doce de estos encuentros, el Chelsea dejó su portería a cero y, en total, solo encajó dos goles. Curiosamente, la racha se cortó con una clamorosa derrota en casa ante el WBA (5-2). Es cierto que aquel día el equipo londinense jugó durante una hora con un hombre menos por expulsión de Thiago Silva. En cualquier caso, durante esta fase de la temporada, el Chelsea se plantó en los cuartos de final de la

Champions después de eliminar al Atlético de Madrid. Tuchel había convencido a sus jugadores con una idea que sería ganadora.

En su primer partido ya cambió el sistema a una línea de tres centrales. El técnico alemán apostó por dos laterales largos, un centro del campo con doble seis y, más arriba, tres jugadores que se repartirían los espacios de una u otra manera en función del partido. De todas formas, más allá del dibujo, lo que impactó en el conjunto de Tuchel fue el comportamiento colectivo. Sin balón, el grado de activación y solidaridad de sus jugadores fue algo extraordinario. Aquel Chelsea dominó distintos conceptos defensivos de forma prodigiosa: ayudas, coberturas, desdoblamientos (el mecanismo por el cual un jugador se encarga de la zona abandonada por un compañero que se incorpora al ataque), etc. El conjunto londinense creó, de la noche a la mañana, una estructura granítica que le permitió competir contra los mejores en el tramo final de la temporada. Competir y ganar.

El Chelsea eliminó al Manchester City de Guardiola en las semifinales de la FA Cup (1-0). En las de la Champions hizo lo propio con el Real Madrid. El conjunto de Tuchel cayó en el partido decisivo de la copa inglesa ante el Leicester City (un golazo de Youri Tielemans dictó sentencia), pero mes y medio después del triunfo en esta misma competición contra el Manchester City, Tuchel y Guardiola volvían a verse las caras en la final de la Champions League.

LA FINAL EN DO DRAGÃO

El 29 de mayo de 2021 se enfrentaron en Oporto dos equipos con ideas distintas, pero liderados por dos de los mejores entrenadores del panorama continental. El Chelsea planteó un partido para hacerse fuerte a través de sus virtudes defensivas. Tuchel, consciente de la superioridad del City con balón y de la riqueza de su rival a la hora de encontrar soluciones en ataque posicional, asumió el reto de negar el más mínimo espacio al conjunto entrenado por Guardiola. Para eso necesitas unos niveles extraordinarios de concentración y compenetración.

El Chelsea salió con una línea de tres centrales para defender cerca de Mendy: Azpilicueta, Thiago Silva y Rüdiger. Luego se lesionó el brasileño y entró Christensen en su lugar (min. 38). Reece James y Ben Chilwell actuaron en los carriles. El doble seis estuvo formado por N'Golo Kanté y Jorginho. Mason Mount y Kai Havertz fueron los volantes más adelantados, quedando Timo Werner como punta de lanza.

Justamente, los desmarques agudos del delantero alemán fueron el principal argumento del Chelsea para estirarse hacia campo contrario. El equipo londinense buscó salir por los laterales o directamente con envíos largos y así minimizar las pérdidas de balón en zonas sensibles. La movilidad de Werner y sus agresivas rupturas al espacio ofrecieron al conjunto de Tuchel una vía de escapatoria a la presión del City.

En sus fases con balón el Chelsea apostó claramente por el juego en largo y la disputa de la segunda pelota. En caso de recuperación, el equipo *blue* trató de percutir con rápidos contraataques. Pero, como decíamos antes, el partido del Chelsea sobresalió por el comportamiento de sus jugadores en los momentos sin balón, que fueron muchos. El Manchester City tuvo la posesión y estuvo instalado en campo contrario durante buena parte de la final.

Normalmente, el conjunto de Guardiola encontraba distintos antídotos que le permitían abrir estructuras defensivas bajas. Uno de ellos, por ejemplo, era la llegada hasta línea de fondo con posterior pase hacia atrás. En este momento, habitualmente, se producía un centro que buscaba la esquina inversa del área pequeña. El City, a pesar de jugar sin un delantero centro de referencia, presentaba un abanico de recursos a la hora de cargar el área que lo hacía temible. Entraban jugadores de segunda línea, con el *timing* perfecto, para terminar la jugada. No siempre de primeras. Desde esta esquina, inversa a donde se había producido el centro, se podía tocar de nuevo el balón para otro compañero que entraba por el centro o, incluso, en el palo opuesto. En cualquier caso, contra el Chelsea de Tuchel no funcionó ni esta habitual jugada ni muchas otras.

El equipo londinense presentó en la final ante el City todo su catálogo de táctica defensiva. Las distancias de relación entre jugadores de la misma línea, y también entre las distintas líneas, se cuidaron con mimo. Eso facilitó que el sistema de ayudas ideado por Tuchel surtiera efecto. Podías encontrarte con situaciones del City en pasillo exterior; supongamos en la izquierda de su ataque, que el Chelsea defendía con James, la cobertura cercana de Azpilicueta y el auxilio de Kanté. El conjunto de Guardiola no encontraba la superioridad numérica porque el Chelsea trabajaba como un afinado acordeón. En este sentido, las basculaciones también fueron siempre puntuales. Eso no es nada fácil ante un rival que mueve la pelota a alta velocidad y con una notable precisión técnica.

Mount y Havertz se encargaron de tapar líneas de pase por dentro cuando el rival trataba de construir desde atrás. El conjunto de Mánchester rara vez pudo encontrar balones de calidad entre líneas porque, más allá del trabajo sin balón de los 'centrocampistas ofensivos' del Chelsea, la pareja de mediocentros interpretó muy bien los saltos de presión. De esta manera, Kanté y Jorginho dificultaban el giro de los interiores del City después de cualquier recepción. Esta misma maniobra defensiva fue aplicada con diligencia por parte de los centrales de los costados, sobre todo Rüdiger en la izquierda (a menudo con tremenda agresividad). Los acosos sobre jugadores del City para evitar que se dieran la vuelta y pudieran atacar de cara fueron constantes a lo largo del partido.

Ya en la segunda parte, hubo un momento en el que Kanté aparecía por todos lados. Esto no necesariamente tiene que ser bueno, pero en el caso que nos ocupa generó un impacto importante. El centrocampista francés fue capaz, en una misma jugada, de presentar coberturas en ambos costados del campo y terminar robando el balón. Kanté protagonizó un festival de recuperaciones.

Por si todo esto fuera poco, el Chelsea defendió su área de forma prodigiosa. Sujetar a un equipo del nivel del Manchester City durante más de 90 minutos es una quimera y, evidentemente, el conjunto de Guardiola generó peligrosas llegadas al área. En estas acciones siempre terminó apareciendo la pierna de algún defensor del Chelsea para negar el chut, a veces deslizándose *in extremis*

para bloquear claras ocasiones del rival. Cuando llegaron la mayoría de estas situaciones, el equipo de Tuchel ya luchaba por proteger su ventaja. El tanto de Kai Havertz en el minuto 42 terminó siendo definitivo.

UN GOL QUE SE ENTRENA

El entrenador alemán, ya cuando estaba en el Dortmund, llegó a la conclusión de que quería jugar con pases diagonales hacia adelante. También apreció que interrumpir el entrenamiento constantemente para corregir a sus jugadores en este sentido era contraproducente. Así, pues, cortó por lo sano. Y nunca mejor dicho. Literalmente, recortó las esquinas del campo para poder jugar dentro de una especie de diamante. Lo hizo porque uno de sus principios básicos era justamente este: jugar con pases diagonales, rasos y dinámicos. Con esa nueva forma que le dio a la cancha forzó que sus jugadores fueran creativos mediante condiciones externas.

En cualquier caso, así no tenía que parar los entrenamientos porque los jugadores ya buscaban soluciones por su cuenta dentro de este diamante que los obligaba a jugar hacia delante con pases diagonales. En Londres, con el Chelsea, Tuchel siguió perfeccionando y actualizando ese modelo de entrenamiento que ya había ensayado en Dortmund.

Havertz (© Panini)

El gol decisivo en la final de Oporto llegó de esta manera. Mason Mount filtró un magnífico pase en diagonal hacia el desmarque de Kai Havertz, que luego definió con frialdad ante Ederson. Previo al movimiento definitivo, el Chelsea supo atraer a distintos jugadores del City con una buena cadena de pases de Azpilicueta y Christensen con el portero Mendy. Eso abrió el espacio necesario para la posterior recepción de Mount. Luego el centrocampista inglés ejecutó un pase que había entrenado infinidad de veces con Tuchel.El Chelsea era campeón de Europa por segunda vez en su historia y parecía que había inaugurado una gran era con Thomas Tuchel en el banquillo. Aquel mismo verano el conjunto londinense pagó 113 millones de euros al Inter para traer de vuelta a Stamford Bridge a Romelu Lukaku. Muchos opinaron que era el fichaje definitivo. El delantero belga venía de marcar 30 goles con el conjunto italiano en la temporada 2020/21. Su potencia y amenaza al espacio hacían presagiar un encaje inmediato en el Chelsea de Tuchel. Sin embargo, Lukaku terminó siendo suplente a menudo en la Premier

League y tampoco jugó de inicio en las eliminatorias de Champions League. Al final de la temporada, también por cuestiones personales, el delantero pidió ser cedido de nuevo al Inter.

El Chelsea de la 21/22 siguió siendo un equipo reconocible, pero el fiasco con Lukaku dejó a Tuchel sin la opción de construir nuevas rutas ofensivas. El equipo de Londres ganó el Mundial de Clubes ante Palmeiras (en la prórroga), la Supercopa de Europa contra el Villarreal (por penaltis) y disputó las dos finales coperas en Inglaterra con el Liverpool (FA Cup y Copa de la Liga), cayendo en ambas ocasiones en la tanda de penaltis. En la Premier League quedó tercero, pero lejos de disputar el título con el mismo Liverpool y el City de Guardiola. En la Champions el conjunto de Tuchel rozó una remontada épica en el Bernabéu, pero el Real Madrid reaccionó a tiempo para llevarse la eliminatoria de cuartos en la prórroga.

UN FINAL PRECIPITADO

La guerra ruso-ucraniana obligó a Roman Abramovich a irse del Chelsea. Tras casi dos décadas como inversor, mecenas y propietario del club, el oligarca ruso puso fin a una etapa que dio sus frutos en forma de, entre otros títulos, cinco ligas, cinco copas, dos Ligas de Campeones y dos Ligas Europa de la UEFA.

Durante la 'era Abramovich', el Chelsea gastó más que nadie en el mercado de fichajes —más de 2300 millones de euros—, con una inversión neta que superó los mil millones —restando los ingresos del club en concepto de traspaso de jugadores—.

El empresario estadounidense Todd Boehly cogió el relevo de Abramovich en 2022 y en su primera ventana de fichajes siguió con la misma tónica: destinó casi 300 millones de euros a reforzar la plantilla, siendo el club más activo en el mercado de verano. El Chelsea fichó, entre otros, a los centrales Kalidou Koulibaly (38 M€) y Wesley Fofana (80 M€) para sustituir a Rüdiger y Christensen, que se fueron libres. Pagó 65 M€ al Brighton por Marc Cucurella, 56 M€ al Manchester City por Raheem Sterling, 18 M€ al Aston Villa por Carney Chukwuemeka o 12 M€ al Barcelona por Pierre-Emerick Aubameyang. Todo ello con Thomas Tuchel en el banquillo, que empezaba una nueva temporada con el reto de conjuntar a muchas caras nuevas.

El nuevo propietario no tuvo paciencia. El inicio en la Premier League fue irregular en cuanto a resultados y después de una derrota en Zagreb en la primera jornada de la fase de grupos de la Champions, Boehly despidió a Tuchel sin que el técnico alemán tuviera siquiera un tiempo prudencial para trabajar las bases con la nueva plantilla. Quizás el inversor estadounidense había leído en más de una ocasión que la Premier League es la NBA del fútbol y no le entraba en la cabeza la posibilidad de perder un partido en Zagreb, ante el Dinamo, contra un rival de una modestísima liga del este de Europa. Pero el deporte en el viejo continente, y más concretamente el fútbol, se rige por unos parámetros distintos.

Quizás simplemente Tuchel no era hombre de su confianza, a pesar de haber confeccionado una plantilla con él al mando. Boehly apostó por Graham Potter, que había hecho un excelente trabajo en Brighton. El técnico inglés se convirtió en el sucesor de Tuchel en el Chelsea. En menos de dos años, el entrenador nacido en Krumbach (Baviera), había sido destituido en dos clubes distintos, PSG y Chelsea, a pesar de disputar con ambos equipos la final de la Liga de Campeones. El fútbol y sus cosas. Todo es efímero y, a menudo, este deporte acentúa la sensación de fugacidad.

LOS ORÍGENES

Thomas Tuchel llegó a dirigir a dos de los clubes con mayor potencial económico del mundo gracias a su camino en la Bundesliga. Como muchos otros entrenadores que en estos últimos años están triunfando en el fútbol alemán, Tuchel fue un jugador de discreto currículum: formado en los juveniles del FC Augsburg, disputó unos cuantos partidos en Segunda División con el Stuttgarter Kickers y luego jugó en tercera con el SSV Ulm 1846. Curiosamente, era líbero, posición que pasó a mejor vida cuando se produjo la revolución en el fútbol teutón que fue génesis de su propia generación de entrenadores.

Ya en su época como futbolista del Ulm, Tuchel tuvo una revelación. En este modesto club de la preciosa ciudad sureña, frontera entre Baden-Wurtemberg y Baviera, el joven aprendiz jugó a las órdenes de Ralf Rangnick. Luego hablaremos con más detalle del hombre al que muchos consideran el *pater familias* de esta nueva clase de entrenadores alemanes, pero a finales de los noventa Tuchel y Rangnick coincidieron en Ulm, y esto marcó al que luego sería entrenador de éxito en la Bundesliga y campeón de Europa con el Chelsea: "Ralf Rangnick fue mi gran mentor. Me enseñó que no era necesario seguir al rival hasta el baño", explicó Tuchel en el magazín televisivo de la UEFA Champions League. Los tradicionales marcajes al hombre del fútbol germano tenían los días contados.

En este mismo espacio de la UEFA, Tuchel explicó que para él "el fútbol es un amor incondicional" y que nunca para de formarse: "Me gusta cambiar rutinas y descubrir nuevos métodos de entrenamiento". El técnico alemán también señala que definir su idea de juego es algo realmente complicado: "Mi filosofía se basa en que todos defienden y todos atacan. Se pueden reconocer ciertos principios, como defender hacia adelante. Pero más allá de esto, me cuesta definirla porque la manera de entrenar cambia constantemente. Me cuesta definir mi filosofía porque está viva". Es un apunte realmente interesante porque muchas veces tendemos a poner etiquetas para poder catalogar entrenadores, jugadores o equipos y, así, ordenarlo y explicarlo todo de un modo más fácil. Luego resulta que los propios protagonistas no son, ni mucho menos, tan dogmáticos o categóricos como nuestras propias afirmaciones.

Thomas Tuchel, pues, aún hoy sigue formándose y ampliando su mirada futbolística, pero sus raíces como entrenador las encontramos en Ulm, cuando todavía era jugador y coincidió con Rangnick. Tuchel se retiró a temprana edad, cuando todavía tenía 24 años, por culpa de una lesión crónica del cartílago. Fue después de completar una temporada entera bajo las órdenes de Rangnick. Dos años más tarde, empezó su carrera en los banquillos con los juveniles del Stuttgart. De allí pasó al Augsburgo, donde también trabajó con los sub-19 y fue coordinador de las categorías inferiores. Dirigió al segundo equipo del club bávaro y luego fichó por el Mainz. En Maguncia acababan de poner fin a la fructífera etapa con Jürgen Klopp en el banquillo, que aquel mismo verano de 2008 fichó por el Dortmund. Tuchel estuvo una temporada con el equipo juvenil, con el que ganó el campeonato alemán, como ya había hecho en Stuttgart. Enseguida recibió el encargo de entrenar al primer equipo.

MAGUNCIA, TRAMPOLÍN A LA FAMA

Como había sucedido con su antecesor en el cargo, Jürgen Klopp, Thomas Tuchel adquirió en el 1.FSV Mainz 05 el estatus de entrenador de culto. Finalizó su primera temporada en una tranquila novena posición, más cerca de Europa que del descenso. Sin embargo, fue en su segunda campaña cuando asombró a propios y extraños. En esta sí que pudo preparar al equipo durante la pretemporada, ya que en la anterior asumió el cargo después de la destitución de Jörn Andersen, que había caído en la primera ronda de la Pokal.

El Mainz de Thomas Tuchel se convirtió en un equipo divertidísimo de ver. Presión agresiva, ritmo trepidante y radiantes transiciones ofensivas. A lomos de André Schürrle, que al principio siempre entraba de suplente y marcaba, y bajo la batuta de Lewis Holtby, que repartió siete asistencias en las primeras siete jornadas, el Mainz ganó cada uno de estos partidos, incluyendo un magnífico triunfo en el Allianz Arena.

Schürrle (campeón del mundo en 2014) y Holtby, que empezaron la temporada con 19 años, fueron las grandes apariciones y jugadores más destacados de aquel Mainz. En el equipo dirigido por Tuchel, sin embargo, también florecieron futbolistas como Christian Fuchs, Marcel Risse o Sami Allagui. El Mainz fue la gran revelación de aquella temporada 2010/11, aunque lógicamente no pudo aguantar el ritmo que marcó durante las primeras jornadas. Al final, el conjunto de Renania-Palatinado terminó en quinta posición y pudo jugar la previa de la Europa League.

En las dos siguientes campañas, el Mainz certificó la permanencia en la Bundesliga sin grandes apuros y, ya en la 2013/14, Tuchel vivió su última temporada en este modesto club. Terminó séptimo y volvió a clasificar al equipo para la ronda previa de la segunda competición continental. Luego, y a pesar de las ofertas que ya tenía, decidió tomarse un año sabático. Durante este tiempo estudió en profundidad a varios equipos y entrenadores, conversó con profesionales del fútbol e incluso de otras disciplinas que él consideraba interesantes para ampliar su formación.

LA CENA EN EL SCHUMANN'S

En su último curso con el Mainz, Tuchel se enfrentó al Bayern de Guardiola. El entrenador catalán quedó asombrado por el planteamiento del rival y ambos se reunieron para cenar en el Schumann's Bar, un mítico establecimiento del centro de Múnich. El periodista Martí Perarnau ha explicado este encuentro en distintas ocasiones y también hace referencia a él en su libro *Pep Guardiola. La metamorfosis*: "Se hicieron célebres las acciones que llevaron a cabo con saleros y vasos para imitar movimientos tácticos". En esta obra, Perarnau también detalla otro encuentro entre Guardiola y Tuchel cuando el técnico alemán ya entrenaba al BVB.

Pero volviendo a la primera cena entre ambos estrategas, el periodista Raphael Honigstein escribió en *The Athletic* cómo la vivió el entonces director técnico del Bayern, Michael Reschke, que también estuvo presente en la cita: Fui un mero espectador. Era como ver a dos maestros de ajedrez, era difícil seguir su ritmo. Eran capaces de recordar docenas de movimientos tácticos de muchos años atrás y hablar sobre su influencia. Era todo acción, reacción. Estaban tan implicados que incluso los camareros temían acercarse. Duró casi cuatro horas.

CAMPEÓN EN DORTMUND Y PARÍS

Thomas Tuchel aprovechó esta y muchas otras experiencias durante su año sabático para ampliar horizontes antes de asumir su nuevo reto en el verano de 2015: el Borussia Dortmund. Por increíble que parezca, el BVB de Jürgen Klopp había llegado a sufrir por mantener la categoría durante la temporada anterior. Tras la jornada 19, ya iniciada la segunda vuelta, el Dortmund era colista de la Bundesliga. Sí, último clasificado. Un equipo con Weidenfeller, Piszczek, Ginter, Subotic, Hummels, Schmelzer, Bender, Gündogan, Reus, Mkhitaryan, Kagawa, Blaszczykowski, Aubameyang e Immobile cerraba la tabla del campeonato alemán cuando ya había empezado la segunda parte de la temporada. Al final, el conjunto de Klopp reaccionó y firmó una gran remontada en la clasificación. Terminó séptimo y jugó la final de la Pokal. De todas formas, había quedado claro que el proyecto estaba agotado. Quizás porque el método Klopp requiere de unos altísimos niveles de activación física y mental, y esto es complicado de mantener con el paso de los años, o quizás simplemente porque las cosas tienen un principio y un final.

Weigl (© Panini)

En cualquier caso, la llegada de Tuchel sirvió para revitalizar a un equipo que disponía de magníficos futbolistas. El técnico de Krumbach incrementó el catálogo de juego del Borussia Dortmund, que en los últimos tiempos de Klopp sufría ante defensas bajas. Llegó un momento en el que los rivales decidieron esperar atrás al BVB para así negar los espacios que tan bien sabían aprovechar los veloces futbolistas *borussers*. Ante este escenario, el Dortmund

encontraba pocos recursos en ataque posicional para superar las estructuras rivales a pesar de contar con futbolistas de gran talento en espacios reducidos, como Reus o Gündogan.El mismo verano que Tuchel llegó a Dortmund, también lo hizo Julian Weigl, procedente del 1860 Múnich de Segunda División. Con tan solo 20 años, el jugador bávaro se convirtió en el mediocentro titular del equipo y fue una de las sensaciones de la temporada. Su agilidad mental y su buen rango de pase ayudaron al Dortmund de Tuchel en la intención de desarrollar un fértil juego de posición. Era la manera de enfrentarse a la propuesta defensiva de la mayoría de los rivales. El BVB terminó segundo en la Bundesliga y subcampeón de copa, solo superado por el Bayern de Guardiola (por penaltis en la final de la Pokal). En la Europa League, Tuchel se enfrentó a su antecesor. En los cuartos de final de la competición, el Dortmund y el Liverpool de Klopp brindaron un gran espectáculo con un 4-3 en Anfield. El equipo inglés remontó aquel partido para alcanzar las semifinales del torneo.

En la segunda y última temporada de Tuchel en Dortmund, el equipo fue tercero en la Bundesliga (superado por Bayern y Leipzig), llegó a los cuartos de final de la Champions League —eliminado por el Mónaco de Kylian Mbappé y Bernardo Silva— y ganó la Pokal (después de apear al Bayern de Ancelotti en Múnich y superar al Eintracht Frankfurt en la final de Berlín). Fue la despedida de Dortmund y el primer título como profesional de Thomas Tuchel. Llegaron más en París.

En la capital francesa, y después de otro año sabático, recibió el encargo de construir un equipo con toda la constelación de estrellas que tenía a su disposición. Una vieja aspiración del PSG. Lograr este objetivo no parece que sea tan sencillo. La propia dimensión de futbolistas como Neymar o Mbappé, quienes indiscutiblemente ofrecen muchas soluciones, pero, a la vez, condicionan las ideas del entrenador de turno, ha dificultado el arraigo de una idea futbolística potente en el seno del club parisino.

A pesar de una primera campaña decepcionante, con la eliminación en octavos de la Champions ante un apocado Manchester United y las derrotas en las copas francesas (solo la liga no parecía botín suficiente), Tuchel tuvo una segunda temporada en París. Fue la 19/20, marcada por la pandemia, pero en la cual el PSG estuvo más cerca que nunca de consolidar una imagen de colectivo sólido y cohesionado. Con una propuesta más reactiva que en sus mejores días en Dortmund, pero con las ideas muy claras para que el talento de Neymar y Mbappé encontrara un contexto favorable, el PSG firmó la mejor temporada de su historia.

El equipo de París ganó los cuatro títulos nacionales (liga, copa, copa de la liga y la Supercopa) y llegó a la final de la Champions League por primera vez. Solo el Bayern de Flick se interpuso en el camino de los franceses, que estuvieron a punto de celebrar cinco títulos coincidiendo con el 50 aniversario del club. Al final fueron cuatro. Y al final Tuchel fue destituido. Ocurrió a finales de diciembre de aquel mismo 2020, con el PSG vivo en todas las competiciones y tercero en la liga a un solo punto del líder. Aquella misma temporada terminó con el entrenador alemán levantando la Champions League con el Chelsea.

CAPÍTULO 11

JULIAN NAGELSMANN Y SU BAYERN

Julian Nagelsmann (23/07/1987; Landsberg am Lech, Alemania) se convirtió, en el verano de 2021, en el entrenador más caro y en uno de los más jóvenes en la historia del Bayern. Según publicó *Bild*, RB Leipzig y Bayern acordaron un fijo de 15 millones de euros, que podría ascender hasta los 25 millones en función de los títulos que consiguiera Nagelsmann con el club de Múnich. El director deportivo del campeón alemán, Hasan Salihamidzic, expuso al técnico que su intención era iniciar una nueva era con él en el banquillo. Después del desencuentro con Hansi Flick, que terminó con el entrenador del año de los seis títulos dejando el club para dirigir a la selección alemana, el Bayern apostó fuerte por Nagelsmann.

Nagelsmann (© Panini)

"Me cuesta definir mi filosofía porque está viva". Esta frase de Thomas Tuchel es perfectamente aplicable al Bayern de Nagelsmann. El conjunto bávaro fue cambiando mucho, y deprisa, desde la consecución de la Copa de Europa en agosto de 2020. Tan solo un par de años después, el equipo había variado su fisonomía de manera notable. Ya no estaban cuatro titulares de aquella final: Boateng, Alaba, Thiago y Lewandowski. Tampoco los cuatro jugadores que entraron desde el banquillo en el partido contra el PSG: Süle, Perisic, Coutinho y Tolisso. Javi Martínez, que fue una de las caras de la anterior era, también había terminado su etapa en Múnich. Habían llegado, para contrarrestar las bajas, jugadores del calibre de Sané, Mané, Upamecano, De Ligt, Mazraoui y Gravenberch. En cualquier caso, el equipo era muy distinto al que había levantado la última Champions de la entidad.

LAS PRIMERAS PINCELADAS TÁCTICAS DE UN NUEVO BAYERN

Ya en la primera temporada de Nagelsmann con el Bayern, todavía con Lewandowski en la plantilla, el entrenador introdujo cambios perceptibles en cuanto a la concepción del juego. La principal innovación táctica que aportó el joven entrenador fue el nuevo rol de Leroy Sané: el extremo alemán jugó por dentro, de 10. Cuando un jugador de su velocidad recibe en zonas interiores y se va, ya sea con regate (superioridad cualitativa) o fruto de una buena ubicación en el campo (superioridad posicional), es muy difícil de frenar. El camino hacia portería es más corto en línea recta y eso genera muchísimos problemas a la defensa rival. Además, en este caso, Nagelsmann trató de cultivar un contexto que germinara en otra superioridad, en este caso socio-afectiva, fruto de la relación en el sector izquierdo entre Sané y Alphonso Davies. La idea era que el exuberante lateral zurdo canadiense encontrara carril exterior libre para sus constantes embestidas ofensivas, gracias a los recorridos interiores de Sané.

Sané (© Panini)

Conviene hacer aquí un pequeño alto en el camino para concretar el tema de las superioridades en el fútbol. Lo explica de manera diáfana el analista y comentarista Ignacio Benedetti en su sitio web:

> Una superioridad es la "preeminencia, excelencia o ventaja de alguien o algo respecto de otra persona o cosa". En el fútbol, según los estudios de Francisco Seirul·lo, Joan Vilà y otros especialistas, estas son cuatro: la numérica, la posicional, la cualitativa y la socio-afectiva. La superioridad numérica se logra cuando, en determinada zona del campo, un equipo ubica una mayor cantidad de futbolistas que su oponente. La superioridad posicional se refiere, como su nombre lo dice, al posicionamiento óptimo de los futbolistas. Este es óptimo cuando se adapta a la circunstancia del juego en función de las necesidades del equipo. Por ejemplo: el juego de un "falso 9" genera esta superioridad siempre y cuando sus movimientos permitan modificar el accionar de los defensores centrales rivales hasta sumirlos en la duda. Otro caso se observa en el dominio del centro del campo que logra un equipo que juega con tres volantes frente a otro que lo hace con cuatro o cinco mediocampistas. Podría pensarse que aquel que acumula más jugadores en esa zona dominará ese espacio (superioridad numérica), sin embargo, el posicionamiento inmejorable de aquellos que aparentan estar en inferioridad cuantitativa les permite estar en ventaja frente a sus oponentes. Esta superioridad se obtiene por medio de la comprensión, que no lectura, de cada circunstancia que el juego demanda. La superioridad cualitativa es aquella que está relacionada con las aptitudes individuales de cada jugador. La superioridad socio-afectiva es aquella que responde a la afinidad, a la complicidad, a la relación existente entre determinados futbolistas, lo que les permite conectar de una manera más fuerte debido a esos lazos emocionales que les unen. Pequeñas sociedades *(Menotti dixit)*"

En la búsqueda de estas interacciones y superioridades, Sané, el dorsal 10 del Bayern (11 por naturaleza, pero 10 con Nagelsmann), doblaba ese rol con Thomas Müller. Ambos descifraban la tarea de forma distinta; Sané estaba más ligado a las recepciones y al giro entre líneas. Müller, por su esencia, a la maniobra para cargar área y a la interpretación de los espacios. De hecho, ya lo indica su propio sobrenombre: Raumdeuter [intérprete del espacio]. Una vez lo respondió el propio Müller: "Yo soy un intérprete del espacio".

Esa estructura con un doble 10, y sobre todo teniendo a Sané orientado a los controles entre líneas, funciona mucho mejor con defensas que sean buenos pasadores. Centrales con la capacidad, y atrevimiento, para conducir y dividir al rival y, sobre todo, con la clarividencia y el tacto para meter balones filtrados que superen líneas y conecten con el 10. En esa faceta destacó, curiosamente, un jugador que a menudo es denostado: Dayot Upamecano. El central francés firmó un magnífico primer tramo de la temporada. Es verdad que tuvo un par de partidos malos, como todo el equipo, con especial mención a la dolorosa eliminación en la 2.ª ronda de la Pokal (5-0 en el campo del Borussia Mönchengladbach), pero Upamecano fue un formidable constructor del juego en el primer Bayern de Nagelsmann. Para un equipo que había perdido a David Alaba, quizás el mejor central del mundo con balón, encontrar a un recambio de semejante creatividad fue agua bendita.

Con Upamecano ocurre algo que es muy habitual hoy en día. En general, no se ve fútbol. Se opina sin conocer aquello de lo que se habla o agregando la opinión a lo que previamente haya escrito alguien en una red social, a poder ser con muchos *likes*. En el mejor de los casos, se ven *highlights*. Nunca partidos enteros. ¿Para qué? Si con un video de 20 segundos en Twitter, o gracias al hilo infinito con capturas de algún 'experto', ya puedo sentenciar que aquel jugador es bueno, malo o muy malo... Upamecano sale en distintas fotos porque se equivoca, como todos, y comete algunos errores importantes fruto de un exceso de confianza o de problemas de concentración, pero la facilidad que tiene para ser génesis de incontables ocasiones de gol para su equipo no sale en los *highlights* ni en las capturas de Twitter. Tampoco aparecen los metros que absorbe a su espalda para ahogar contragolpes del rival o los abundantes duelos que gana. Cosas del fútbol. Cosas de la modernidad.

Upamecano (© Panini)

En su primera temporada, Nagelsmann alternó sistemas con defensas de cuatro y de tres, pero acabó afianzando una estructura muy reconocible: cerrar con tres centrales (Süle/Pavard-Upamecano-Lucas Hernández) por delante de Neuer y dar vuelo en la izquierda a Davies. Un doble seis en el que podían jugar Kimmich, Goretzka, Tolisso, Sabitzer e incluso Musiala (Marc Roca apenas contó), un extremo en la derecha ofreciendo amplitud (en el mejor de los casos Kingsley Coman), el doble diez comentado con Sané-Müller y Lewandowski como referencia arriba.

Esa estructura estrecha atrás, con un 3+2 o incluso 2+3 en función del momento, está pensada para ser red de seguridad ante la pérdida. Por un lado, Nagelsmann entiende que fomenta las distancias de relación cortas entre jugadores y que eso ayuda en la maniobra de contrapresión. Por el otro, el hecho de acumular jugadores en el pasillo central cierra esa puerta al rival, la interior, la que conduce más rápidamente a la portería de Neuer. El entrenador bávaro cree que eso obliga al equipo contrario a transitar por los carriles exteriores, de manera que esos contraataques no deberían ser tan peligrosos como si se produjeran por dentro, en línea recta hacia el portero del Bayern.

El equipo de Julian Nagelsmann jugó una muy buena primera parte de la campaña. Igualó la mejor fase de grupos de la historia de la Champions (con los mismos puntos —18— y diferencia de goles —19— que el Bayern de la 19/20) y dejó exhibiciones imponentes, como en la misma competición europea en Da Luz, ante el Benfica. La mayoría de partidos fueron de un nivel muy alto (capítulo aparte en este sentido merecería el triunfo en Leverkusen por 5-1), pero este primer tramo tuvo una mancha importante: la goleada encajada en la 2.ª ronda de la Pokal, en Mönchengladbach, en un partido que Nagelsmann tuvo que ver desde su casa porque era positivo en COVID-19.

PROBLEMAS QUE NO ENCUENTRAN SOLUCIÓN

La estabilidad competitiva del equipo empezó a flaquear con las ausencias de larga duración de Alphonso Davies y Leon Goretzka. El primero era muy importante para poder edificar la estructura antes mencionada, puesto que las otras opciones en el lateral izquierdo no ofrecían las mismas virtudes que el canadiense en cuanto a amplitud y recorridos profundos. El internacional alemán, por su fortaleza en los duelos y capacidad para digerir metros, era un jugador capital cuando se trataba de frenar los contragolpes del rival.

En realidad, el equipo de Nagelsmann empezó a evidenciar distintos problemas colectivos. Y no llegaron las soluciones. A pesar de contar con jugadores temibles en el área, como Lewandowski, Müller o el mismo Goretzka, cuando se recuperó en el tramo final, se perdió cierta capacidad de intimidación en las acciones de centro y remate. El Bayern ya no cargaba el área con la misma inteligencia, en cuanto a la repartición de espacios y el ataque de los intervalos entre defensas, ni parecida determinación a como lo hacía en la época de Flick. La sensación es que se perdieron mecanismos claros en esta tarea. Otro elemento distintivo del Bayern campeón de todo en 2020 era la agresividad con la que aquel equipo atacaba espacios profundos. Los constantes y coordinados desmarques a la espalda de la última línea defensiva eran un martirio para los rivales y, además, también servían para abrir espacios en zonas in-

teriores. El Bayern de principios de 2022 tampoco amenazaba en este aspecto con el mismo vigor que antaño.

Además, el equipo de Nagelsmann quedó expuesto al contraataque rival. Le llegaban demasiado fácil y rápido al arco. El recurso de muchos 'analistas' para encontrar explicaciones simples fue achacarlo a cierta debilidad de los defensores. ¿Te generan y te marcan? Culpa de los defensas y a otra cosa. Ciertamente, todo se originaba por la poca estructura que tenía aquel equipo con balón. El problema, para entendernos, emanaba del movimiento ofensivo. El conjunto de Nagelsmann ni se ordenaba ni viajaba junto con la pelota. Eso le dejaba desabrigado ante la pérdida. Cuando esta llegaba, que la contrapresión fuera exitosa ya parecía una quimera. Las distancias de relación entre compañeros rara vez eran favorables para acometer dicha acción táctica. El mismo Nagelsmann daba pistas sobre ello en febrero de 2022: "El equipo está acostumbrado a atacar rápido. Hay momentos en los que tienes que quedarte la pelota, pero los jugadores están orientados a jugar rápidamente hacia la meta contraria. A nuestro juego le falta calma". Por eso se producía esa sensación de equipo que se rompía con demasiada facilidad. Era porque no encontraba estructuras ni secuencias buenas con balón. No era, como se apuntó infinidad de veces, ni porque Kimmich estuviera demasiado solo en el centro del campo y necesitara a su lado un 'mediocentro recuperador' ni porque el nivel de los defensas no fuera el adecuado, y mucho menos porque los carriles, ante la baja de Davies, estuvieran ocupados por extremos.

Todo lo expuesto en los últimos párrafos quedó desnudo y al descubierto en la eliminatoria de cuartos de final de la Champions League contra el Villarreal. Los defensas del Bayern fueron los únicos que rindieron a buen tono. El equipo, a nivel colectivo, aquejó todos los problemas revelados y de manera muy evidente. A eso se sumó un magnífico comportamiento defensivo del conjunto de Unai Emery y la virtud que tuvo para controlar los ritmos de los partidos. Se jugó siempre a la velocidad que necesitaba el Villarreal, normalmente a una más baja a la que está acostumbrado el

Bayern en la Bundesliga. La eliminación fue dolorosísima y marcaría la siguiente ventana de fichajes.

LA VIDA SIN LEWANDOWSKI

El Bayern ganó su décima Bundesliga consecutiva, la primera con Nagelsmann en el banquillo. De todas formas, eso resultaba insuficiente. Las decepciones en la Pokal y la Champions, como también la certeza que el equipo no rindió al nivel esperado durante la segunda mitad de la temporada, aumentaron la presión sobre el joven entrenador alemán. Con un contrato firmado de cinco años, hasta 2026, la apuesta por el técnico bávaro era muy clara. Pero todos necesitaban progresar. El mismo preparador lo expuso de manera transparente: "Sé que puedo hacer las cosas mejor".

Así lo entendió también el máximo responsable de la parcela deportiva del club, Hasan Salihamidzic, que lideró un mercado de fichajes rutilante con las incorporaciones de Sadio Mané, Matthijs de Ligt, Ryan Gravenberch, Noussair Mazraoui y Mathys Tel. Asimismo, el club ingresó más de 100 millones de euros en traspasos. El más sonado fue el de Robert Lewandowski al Barcelona. Eso obligaba a encontrar nuevos caminos hacia el gol.

Lewandowski (© Panini)

Sin el delantero polaco, segundo máximo goleador en la historia del club tras la leyenda Gerd Müller, el Bayern perdía a un 9 que había marcado 50 goles —en 46 partidos— en su última temporada como jugador del club muniqués. Este factor, evidentemente, exigía replantear de nuevo toda la organización colectiva. El equipo de Nagelsmann perdía a su gran referencia arriba y no incorporaba a ningún jugador de perfil o nivel parecido. Mathys Tel, con solo 17 años, era visto en el club como el delantero más prometedor de Europa. Pero era eso, una promesa. Y la realidad decía que te habías quedado sin 50 goles y sin tu referencia más cercana a la portería contraria.

Nagelsmann, de espíritu inquieto y creativo, afrontó el reto con la convicción de que podía edificar nuevas rutas ofensivas y, en general, dar forma a un equipo mucho más flexible e imprevisible. Para ello contaba con 6 o 7 delanteros —extremos o puntas, pero ningún 9 clásico— de ritmo frenético y velocidad endiablada. Jugadores, también, con la capacidad de intercambiar posiciones e interpretar distintos roles. Los Mané, Gnabry, Sané, Coman, Musiala y Tel, con la ayuda del veterano Müller, estaban llamados a moldear la nueva cara ofensiva del Bayern.

El inicio fue impresionante, con goleadas en la Supercopa de Alemania ante el Leipzig, en el campo del Bochum o en la inauguración de la Bundesliga en Frankfurt. Tras este partido contra el Eintracht (6-1 con un 5-0 al descanso), Nagelsmann dijo: "Tenemos que cambiar cosas después del adiós de Lewandowski. Por ejemplo, jugar con menos centros. Para el rival no es fácil de defender cuando cuatro o cinco jugadores corren hacia ti".

Pero, pasado el *momentum*, enseguida aparecieron las dudas. A pesar de los triunfos en la Copa de Europa ante el Inter a domicilio y en casa contra el Barcelona (2-0), una mala racha de resultados en la competición doméstica alimentó la pregunta de todos los medios: ¿El Bayern echaba de menos a un 9 capaz de sustituir a Lewandowski? Ante esta incógnita, una constatación: Jamal Musiala confirmaba que estábamos ante un talento muy especial, uno que con 19 años era capaz de ser determinante en los escenarios más exigentes.

LA VELOCIDAD COGNITIVA

"Allí reside el potencial más grande del fútbol en general: la velocidad de la toma de decisiones y la rapidez para procesar la información. Físicamente, no hay mucho espacio de mejora, según los estudios científicos del esfuerzo físico de los jugadores. Donde sí podemos mejorar es en el potencial mental. Muchas áreas mentales aún no se utilizan durante el juego. Se trata de aumentar la capacidad de procesar informaciones, seleccionar qué informaciones son importantes y tomar las decisiones adecuadas". Son palabras de Julian Nagelsmann en el año 2017, cuando entrenaba al Hoffenheim, en una fabulosa entrevista que le hizo Pablo Vande Rusten para *El País*. En ella, el joven técnico alemán exponía su mirada sobre el futuro de este deporte, describía alguno de sus principios futbolísticos y compartía pensamientos relacionados con el balompié germánico:

> El fútbol alemán siempre vivió a través de su mentalidad ganadora. Hemos ganado muchos campeonatos gracias a ello. Aunque no siempre hemos tenido a los mejores jugadores. Teníamos máquinas de mentalidad. La Federación Alemana de Fútbol (DFB) decidió que el fútbol no podía seguir así. Otros países como España o Brasil nos habían adelantado y debíamos tomar un nuevo camino. La DFB publicó una serie de nuevos requisitos y obligó a los centros de educación futbolística a modificar los contenidos para que los entrenadores obtengan el título. Pero no fue solo eso, también empezaron a controlar que los juveniles de cada club estuvieran siendo formados de esa nueva manera (ver capítulo 6 del libro).

A colación de la credibilidad de los entrenadores, sobre todo de aquellos, como es su caso, que no fueron futbolistas profesionales o de élite, Nagelsmann arguye que solo tienes que haber jugado al fútbol para entender cómo funciona el roce físico que viven los jugadores, sin importar si has ganado o no la Champions vestido de corto, y añade que hay cuatro componentes más:

> Los resultados son lo primero, es cierto. Pero también está la empatía: cómo te puedes poner en las botas de los jugadores,

> cómo te llevas con ellos y cómo los entiendes. Además, no hay que olvidar que los jugadores quieren desarrollarse, ganar títulos, ser más conocidos. Como entrenador tienes que demostrarles que tú los puedes apoyar en este camino. Demostrarles que puedes mejorarlos. A ellos y al equipo. Y los medios. Los medios de comunicación pueden crear una imagen sobre tu personalidad, positiva o negativa. Actúan como un multiplicador de tu personalidad y de tu trabajo. Los jugadores perciben la imagen que los medios dan de ti como entrenador, leen las cosas que dices... Si logras que sea buena, ellos lo notarán. Es algo esencial hoy en día.

Nagelsmann lo vivió en primera persona, por ejemplo, cuando la prensa española literalmente se inventó unas declaraciones suyas en la previa del Villarreal-Bayern. En ellas, en teoría, el técnico alemán decía que iban a sentenciar la eliminatoria en el partido de ida. Estas declaraciones, simple y llanamente, no existieron, nunca se produjeron. Aun así, algún medio español decidió inventárselas y muchos otros las replicaron sin contrastar la información. ¿Para qué hacerlo, si eran unas declaraciones que encajaban perfectamente con la imagen que venden del Bayern como club arrogante y soberbio? Ocurre que, a menudo, en sus juicios morales, los acomplejados confunden estos adjetivos con lo que en realidad es mentalidad ganadora. En cualquier caso, Nagelsmann nunca dijo aquello que la prensa española aseguró que había dicho.

Siguiendo con la interesante entrevista de Pablo Vande Rusten para *El País*, el técnico alemán reveló alguno de sus métodos de entrenamiento, en los que siempre procura que todas las tareas, o casi todas, se lleven a cabo con balón:

> En el entrenamiento el enfoque es el de variar mucho las situaciones de juego y las maneras de abordarlas para que los jugadores no se aburran. Elijo tareas que tienen el mismo objetivo, pero con, por lo menos, dos o tres *reglas de provocación*. Estas *reglas de provocación* entrenan la agudización de los sentidos, igual que las herramientas tecnológicas. Por ejemplo: estamos entrenando abrir el juego con los tres centrales y tenemos, más o menos, cuarenta diferentes

formas de hacerlo. Las *reglas de provocación* podrían ser un limitado número de contactos con el balón, o solo poder utilizar un espacio específico para moverse. O a veces si recuperan el balón solo pueden marcar un gol en una zona específica.

Finalmente, en estas páginas de *El País*, Nagelsmann expuso alguno de sus principios de juego:

> Tengo principios básicos e importantes en el ataque y en la defensa que siempre hay que mantener. No importa la tarea en el entrenamiento o el rival al que estemos enfrentando. Tratamos de analizar a los oponentes, pero siempre teniendo en cuenta los puntos fuertes de nuestros jugadores y mis principios básicos. Un ejemplo de estos principios es que el jugador de cara a la portería rival es el que siempre recibe la pelota y quien abre el juego. Siempre intentamos respaldar la circulación del balón a través de la creación de triángulos. También procuramos robar la pelota sin entrar en el uno a uno. Son principios innegociables.

UN ASCENSO METEÓRICO

Cuando todavía tenía 28 años, Julian Nagelsmann se convirtió en el entrenador más joven de la historia de la Bundesliga. El Hoffenheim estaba en una situación acuciante en la tabla y, además, su entrenador, Huub Stevens, tenía problemas de salud. El club aceleró el proceso, puesto que ya estaba claro que Nagelsmann sería su técnico a partir de aquel verano, y ya en febrero dio las riendas del equipo a su joven entrenador, que hasta entonces estaba a cargo del sub-19.

Nagelsmann todavía estaba inmerso en los exámenes del *Fussball-Lehrer*, la máxima titulación como entrenador, pero la DFB dio luz verde a su promoción dadas las excepcionales circunstancias. Tiempo después, el estratega alemán explicó que se planteó la oportunidad con la intención de ser él mismo. Durante años se había fijado en las dinámicas que rigen en el fútbol profesional y consideraba que cuando un entrenador llegaba en una situación

de emergencia siempre priorizaba el aspecto defensivo. En su caso, Nagelsmann prefirió ser fiel a su concepción futbolística y apostar por un fútbol ofensivo y sin complejos. Debutó en Bremen con un 3-5-2 donde los carriles eran para Volland, un delantero, y Ochs, un extremo.

El imberbe entrenador asumió el equipo después de la jornada 20, con el Hoffenheim penúltimo a siete puntos de la salvación directa. Consiguió la permanencia. Él siempre ha pensado que, de lo contrario, en aquel momento ya hubiera desaparecido del mapa. No fue el caso, ni mucho menos. En las siguientes tres campañas logró un cuarto y un tercer puesto, y las participaciones en las fases de grupos de la Europa League y la Champions League por primera vez en la historia del club. Eso le valió el fichaje por el RB Leipzig, donde en dos temporadas obtuvo un tercer lugar y el subcampeonato de la Bundesliga, además de alcanzar unas semifinales de la Champions League (2020) y la final de la Pokal (2021).

Todo había empezado hacía poco más de una década, cuando en 2008 comenzó a trabajar como ojeador en el Augsburgo. Allí, después de pasar también por los juveniles del 1860 Múnich, se retiró a la tierna edad de 20 años por culpa de graves lesiones en la rodilla. Jugaba en el segundo equipo del Augsburgo, que era entrenado por Thomas Tuchel. Fue él quien lo reclutó para la tarea de analista. Todo queda en casa. Pronto volvió al 1860 para entrenar a sus juveniles durante un par de temporadas y, de esta experiencia, ya pasó al Hoffenheim, donde escaló hasta el fútbol profesional.

CAPÍTULO 12

RALF RANGNICK, EPIFANÍA Y DISPERSIÓN

Algunos de los banquillos más prestigiosos de Europa han estado liderados, en estos últimos años, por entrenadores alemanes o de su escuela. En la Bundesliga, la corriente estilística que se afianzó a partir de la revolución de principios de siglo, también ha hecho fortuna. Pero, más allá de esto, los técnicos del país germano incluso han cruzado la frontera y han aportado su mirada a clubes o países con menos potencial en este deporte.

Rangnick (© Panini)

Conviene hacer un alto en el camino, antes de enumerar a los entrenadores más destacados de la diáspora, para remarcar el nombre de Ralf Rangnick. Muchos lo consideran el padre de esta nueva concepción futbolística que se ha desarrollado en Alemania durante los últimos lustros. Ser categórico no te acerca inmediatamente a la verdad, sobre todo cuando hablamos de un juego dinámico y de un estilo que ha bebido de distintas influencias, pero es una evidencia que Rangnick ha tenido gran ascendiente entre los entrenadores alemanes de nuevo cuño. Muchos de ellos se forjaron a su lado o en estructuras que él edificó, como la del Hoffenheim o las de la factoría RB, donde llegó a ser director deportivo al mismo tiempo de Salzburgo y Leipzig. Más adelante, ejerció de director global de deportes del grupo.

LAS INFLUENCIAS DE RANGNICK

Ralf Rangnick ha inspirado a figuras tan espléndidas como las de Klopp, Tuchel o Nagelsmann, de quienes hemos hablado antes, pero él, evidentemente, también tuvo a sus maestros o entrenadores que lo marcaron:

> Diría que hubo dos o tres personas que me inspiraron. En primera instancia, fue un amigo mío llamado Helmut Gross. No solo me inspiró a mí, sino a muchos entrenadores alemanes también. Él era un aficionado, ya que trabajaba de ingeniero al mismo tiempo. En ese momento, creo que fue el primer entrenador en jugar con cuatro defensores con marcación zonal orientada al balón en Alemania. Lo conocí cuando tenía 23 o 24 años. Tuvo una gran influencia en mi desarrollo como entrenador y, desde entonces, hemos trabajado juntos en Red Bull y Hoffenheim.

La página web del Manchester United, club donde Rangnick trabajó como interino, recoge las reflexiones que el técnico alemán hizo en una entrevista con Stewart Gardner.

Rangnick añade: "También seguía a Arrigo Sacchi en Milán durante la década de 1980. Ellos no solo dominaron el fútbol europeo, sino que también crearon un estilo de fútbol muy sostenible, especial y único". La tercera personalidad que marcó al joven preparador nacido en Baden-Württemberg llegó del este: Recuerdo que cuando estaba en Backnang me tocó enfrentar al Dinamo de Kiev de Valeri Lobanovski. Después de 10 minutos de juego, tuve que contar cuántos jugadores teníamos en cancha, porque parecía que ellos tenían dos o más que nosotros. Una vez finalizado el encuentro, hablé con Valeri mediante un traductor, y me dijo que ellos entrenaban todos los días presionando en todo el campo todo el tiempo. Entonces fui a ver sus sesiones de entrenamiento. Ahí entendí por qué jugaban así y por qué era posible lograr ese tipo de fútbol si lo trabajabas a diario.

Valeri Lobanovski (© Phil Cole-Allsport)

LAS IDEAS DE RANGNICK

Rangnick profundizó sobre este último aspecto, la presión, en una conferencia organizada por The Coaches' Voice: "Cuanto más agresivos o intensos seamos en el momento de recuperar el balón, mayor oportunidad tendremos de trasladar esta intensidad y este ritmo al contragolpe". Explica que, con el paso del tiempo, aprendió que no solo se trata de recuperar el balón arriba en el campo, aunque obviamente esto acorta el camino y los obstáculos al gol porque estás más cerca de la portería y el rival tiene menos efectivos por detrás de la pelota, sino que también se trata de poder aplicar esta intensidad y agresividad en todo el terreno, con independencia del sector donde estés presionando. Según Rangnick, esto dará más voracidad a los contraataques:

> Por ejemplo, en el Leipzig, más del 60% de los 75 goles que marcamos en una temporada fueron tras recuperar el balón en los diez segundos previos. Sabemos que hay mayor oportunidad de ganar el balón de vuelta en los primeros ocho segundos. Entonces, no hay tiempo que perder. Todos los jugadores cerca del balón deben presionar para ganarlo de vuelta.

Lo que no añade Rangnick en esta intervención, y que quizás completaría el concepto, es que lo que tú hayas hecho antes de perder el balón simplificará, o dificultará, tu intención de recuperarlo pronto. El fútbol es un contínuum. Dividirlo por fases —defensa-ataque, etc.— puede sintetizar algunas explicaciones o ayudar a comunicar algún aspecto en concreto del juego, pero reducirlo o separarlo carece de sentido. Así, pues, no basta con querer recuperar el balón en los primeros instantes después de perderlo. Es un poco lo que decíamos en el capítulo dedicado al Bayern de Nagelsmann: si tú no has viajado junto con la pelota, si no has preparado una estructura de jugadores que pueda reaccionar cerca del lugar donde se produce la pérdida o si tienes el equipo demasiado largo y separado, será muy difícil poder ejecutar con precisión la maniobra que explicaba Rangnick. En cualquier caso, queda muy claro que su idea de fútbol orbita alrededor de la presión.

Asimismo, el técnico alemán argumenta que las vigilancias ofensivas son de gran importancia: "Hay que asegurarse de que los jugadores que el equipo rival deje arriba sean marcados. Hay que marcarlos de cerca porque esos dos jugadores, o ese jugador, son los únicos que podrían hacer funcionar el contragolpe rival". La gestión de los descolgados es de gran interés en los equipos que viven instalados en campo contrario.

Cuando a Rangnick le preguntan por el estilo de juego acostumbra a resumirlo en cinco puntos. Así lo hizo en esta conferencia de The Coaches' Voice o, por ejemplo, en una entrevista con Diego Torres en *El País*:

> Hay cinco apartados en los cuales debes ser excelente si pretendes competir al máximo nivel. Primero, qué haces para construir la jugada cuando tienes la posesión. Para mí es evidente. Si quieres marcar un gol necesitas velocidad, fintas que aceleren la acción y verticalidad. Si no tienes eso, puedes tener el 80% de la posesión, pero no marcarás. Número dos: qué haces si el otro equipo tiene la pelota. Cómo, dónde, y a qué altura presionas. En tercer y cuarto lugar, trabajar las transiciones. ¿Qué quieres que haga tu equipo en el momento de la recuperación y qué quieres que haga en el instante posterior a la pérdida? Esas dos situaciones necesitan ser entrenadas en profundidad. Y, en quinto lugar, las jugadas a balón parado. Más del 30% de los goles en el fútbol se marcan a balón parado. ¿Dedicamos el 30% de nuestro tiempo de entrenamiento a las jugadas ensayadas?".

Rangnick, al que podríamos definir como un desarrollador de clubes, también concreta, en esta entrevista con *El País*, los pasos básicos a seguir a fin de crear un proyecto:

> Lo primero es tener una idea clara de cómo debe ser tu estilo. ¿Cómo quieres que juegue tu equipo? En términos empresariales lo denominaría identidad corporativa. En el Hoffenheim y en el Leipzig acordamos definir claramente un estilo muy proactivo, sin importar que la pelota la tengamos nosotros o el rival. Los primeros entrenadores que hicimos

una apuesta decidida por este fútbol en Alemania fuimos Klopp y yo. El segundo paso es fichar jugadores jóvenes. Con jóvenes puedes recuperar la inversión, o aumentar su valor de mercado y obtener un rendimiento. El tercer paso es contratar a los mejores técnicos, y por último dejar que los profesionales desarrollen al equipo. Si tienes éxito es una constelación ganadora para todos. Suena muy simple, pero no lo es: debes ser fiel al plan incluso en tiempos de malos resultados. Por eso lo primordial es la identidad corporativa, y a partir de ahí construir el comportamiento corporativo, que se consigue contratando a la gente adecuada. Tan importante es fichar a los jugadores adecuados como no fichar a los que no te convienen y vender en el momento justo para regenerar al equipo, aunque te haya ido bien.

De tercera a segunda con el modesto Ulm, ascenso a primera con el Hannover o incluso de tercera a la Bundesliga, de manera consecutiva, con el Hoffenheim. La carrera en los banquillos de Rangnick está trufada de gestas. Luego, ya como director deportivo del RB Leipzig, lideró al club desde la cuarta categoría a la máxima división del fútbol germano.

Haaland (© Panini)

Sadio Mané, Erling Haaland, Dayot Upamecano, Kevin Kampl, Naby Keïta o Takumi Minamino son algunos de los jugadores que llegaron a Salzburgo bajo su supervisión o, directamente, durante su etapa como director deportivo de la entidad. Además, también firmó para el Leipzig a futbolistas como Joshua Kimmich, Konrad Laimer o Christopher Nkunku. Del centrocampista que en 2015 fichó por el Bayern, Rangnick escribió lo siguiente en un artículo para The Coaches' Voice:

> En su primer entrenamiento jugamos un cuatro contra cuatro y a sus 18 años ya les reclamaba a los compañeros que no se esforzaban lo suficiente para ganar. No es coincidencia que se haya convertido en el jugador que es hoy: se esforzaba por mejorar todos los días. Odia perder y quiere ser cada vez más competitivo.

Además de la personalidad y mentalidad, el técnico alemán tiene muy claro qué singularidad del jugador debe ser apreciada por los ojeadores en su búsqueda de talento. Lo explicó a Diego Torres en la entrevista a *El País*: "Únicamente debes valorar a los jóvenes por las decisiones que toman bajo presión, en los momentos del partido en los que no hay tiempo ni espacio para actuar. Hay que educar a los ojeadores: los goles y los *dribblings* bonitos te pueden confundir".

Asimismo, en esta misma conversación con el periodista argentino, Rangnick expone su preocupación acerca del jugador alemán del futuro:

> El número de jugadores de gran talento que tuvimos en los sesenta, setenta, ochenta, e incluso en los noventa, fue mucho mayor que el que tenemos ahora. En Alemania ya no existe el fútbol en la calle. Para Naby Keïta, Mané, Mbappé, Firmino o Neymar, la única posibilidad real de ganarse la vida fue hacerse jugadores de fútbol. En Alemania no tenemos tantos chicos que vean el fútbol como la mejor posibilidad de hacer una carrera profesional. Esto significa que los clubes deben

plantearse seriamente cómo reemplazar el fútbol callejero. Los jóvenes necesitan más tiempo de entrenamiento.

Rangnick concluye que:

Alemania influye más por sus entrenadores que por sus jugadores. Cuando empecé a estudiar educación física en la universidad, en 1978, para mí se hizo evidente que no quería jugar ese 3-5-2 con un líbero y marcas al hombre, con dos centrocampistas defensivos que debían trabajar duro y asegurarse de que el *diez* tenga un bonito día. Como pensaba que el fútbol debía ser más proactivo y complejo, tuve que buscar en el extranjero. Así descubrí a Valeri Lobanovski y Arrigo Sacchi. Ellos tuvieron una gran influencia en mi idea de presión orientada al balón y marca zonal con línea de cuatro. En los ochenta y en los noventa esto en Alemania era una excepción. Franz Beckenbauer dijo en 1995 que con jugadores alemanes no puedes hacer marca zonal con línea de cuatro porque no entenderían la cobertura de la zona. ¿Por qué los futbolistas alemanes tienen que ser menos astutos que los italianos o los españoles? El problema es que no teníamos entrenadores suficientemente valientes como para enseñar este tipo de fútbol. Hasta 1999-2000 los alemanes éramos famosos por nuestras virtudes alemanas (ser agresivos y comernos la hierba), pero no por nuestra estrategia. Hasta el año 2000 no hubo un solo entrenador alemán que fuera un ejemplo de táctica y estrategia. Ahora tenemos a Löw, Flick, Tuchel, Klopp, Nagelsmann y yo mismo marcando una tendencia.

Ralf Rangnick cierra asegurando que "puedes hacer presión alta y jugar al ataque con cualquier formación", pero remarca que "lo más importante no es correr rápido, sino pensar rápido".

LOS OTROS

El nombre de *pater familias* también procede, en el caso de Rangnick, porque bajo su filosofía se formaron distintos entrenadores que luego, siempre con matices, divulgaron este estilo de juego en distintas latitudes del continente. Es el caso, por ejemplo, de Matthias Jaissle. Como futbolista fue defensa central y jugó a las órdenes de Rangnick en el Hoffenheim. Luego, y con tan solo

33 años, fue nombrado entrenador del RB Salzburgo. En su primera temporada en el cargo, ganó el doblete austríaco y llegó, por primera vez en la historia del club, a los octavos de final de la Champions. En el partido de ida, le planteó muchos problemas al Bayern (1-1). El equipo defendió con pasión, ayudas constantes y gran agresividad en la presión. Con cada recuperación, el Salzburgo castigó al Bayern de Nagelsmann. Normalmente, el primer pase ya era en vertical para conectar con un punta. A partir de aquí, descarga a un centrocampista que lo veía de cara y despliegue de los jugadores en fulminantes contraataques. Futbolistas como Mohamed Camara, Brenden Aaronson, Karim Adeyemi o Benjamin Sesko brillaron en el Salzburgo de Jaissle.

Roger Schmidt es otro de los nombres que va ligado a Rangnick. El entrenador que en verano de 2022 fichó por el Benfica fue la primera apuesta del maestro alemán cuando asumió la dirección deportiva del RB Salzburgo. Schmidt abogó por un fútbol de feroces presiones y fulgurantes transiciones en Austria, Alemania (Bayer Leverkusen), Países Bajos (PSV) e incluso China (BJ Guoan).

Schmidt (© Panini)

Marco Rose también se formó en la factoría RB. Llegó a los juveniles del Salzburgo desde el tradicional club de su ciudad natal, el Lokomotive Leipzig. Lo hizo durante el mandato de Rangnick como director deportivo de la entidad austríaca. Allí, Rose ganó la Youth

League con un equipo en el que destacaban talentos como Xaver Schlager, Hannes Wolf, Mergim Berisha o Patson Daka. El técnico de Leipzig entrenó al primer equipo del Salzburgo y luego tuvo experiencias en la Bundesliga alemana con el Borussia Mönchengladbach y el Borussia Dortmund. En septiembre de 2022 asumió el cargo de entrenador del RB Leipzig en sustitución del destituido Domenico Tedesco.

Otros entrenadores alemanes que podríamos catalogar de discípulos de Rangnick, como mínimo en cuanto a su formación, son Alexander Blessin o David Wagner. El primero, también de la escuela de Stuttgart, estuvo ocho años en las categorías inferiores del Leipzig antes de firmar por el Oostende belga. En enero del 2022 lo fichó el Genoa con el objetivo de obrar el milagro de la permanencia en la Serie A. No lo consiguió, pero dejó su sello en la liga con un arranque realmente curioso; ocho partidos seguidos sin perder, de los cuales siete empates y, entre ellos, cinco con el marcador de 0-0. En total, fueron dos goles encajados en ocho encuentros.

David Wagner era entrenador de los juveniles del Hoffenheim cuando Rangnick dirigía al primer equipo. Después pasó al filial del Dortmund, donde pudo aprender de Klopp y de Tuchel antes de su fichaje por el Huddersfield inglés, equipo al que subió a la Premier League. Su experiencia en el Schalke no fue buena y terminó en Suiza con el Young Boys.

También podemos encontrar a técnicos que no son de nacionalidad alemana, pero que imprimen a sus equipos un sello de escuela germánica claramente inspirado por las ideas o enseñanzas de Rangnick. En este grupo podríamos destacar al norteamericano Jesse Marsch y a los austríacos Ralph Hasenhüttl, Adi Hütter y Oliver Glasner. El primero entró en el grupo RB a través de su franquicia en Nueva York. Ya en Europa, fue asistente del mismo Rangnick en el Leipzig antes de dirigir al Salzburgo. Después volvió a la ciudad del este alemán para convertirse en el sucesor de Nagelsmann. La apuesta no salió bien, pero más tarde el Leeds confió en él para desarrollar su idea futbolística en Inglaterra. También en la Premier League se hizo un nombre Ralph Hasenhüttl, que consolidó un buen proyecto en Southampton. Antes, en Alemania, había dirigido al Leipzig y a equipos como el Ingolstadt, el Aalen o el Unterhaching, donde empezó. Otro austríaco, Adi Hütter, fue el elegido por Rangnick en su última temporada como director deportivo del Salzburgo. Ganó liga y copa, y después también triunfó en Suiza con el Young Boys. En la Bundesliga alemana tuvo buenos momentos con el Borussia Mönchengladbach y el Eintracht Frankfurt, equipo al que llevó hasta las semifinales de la Europa League. Incluso mejoró este resultado su compatriota Oliver Glasner, que ganó el título europeo con el Eintracht. Fue en Sevilla, ante el Rangers, después de dejar en el camino a equipos como el Betis, el Barcelona o el West Ham, y siendo claramente superior a todos ellos. El conjunto de Frankfurt firmó exhibiciones en cuanto a presión y transiciones centelleantes se refiere. Glasner, natural de Salzburgo, se había impregnado de este fútbol en el club de su ciudad. Allí fue coordinador y asistente de Roger Schmidt.

Otro grupo de técnicos que floreció en el jardín de Rangnick trabaja entre bambalinas en importantes estructuras deportivas. Es el caso, por ejemplo, de Danny Röhl. Empezó como analista de vídeo en el Leipzig, donde también fue asistente del mismo Rangnick o de Hasenhüttl, que se lo llevó a Southampton. Luego volvió a Alemania para ser mano derecha de Flick en el Bayern de los seis títulos y siguió con él en la selección nacional. También podemos mencionar a Jochen Sauer, que fue director general del RB Salzburgo durante la etapa de Rangnick como responsable deportivo, y que luego se hizo cargo del fútbol base del Bayern.

Asimismo, los hay que no han coincidido directamente con Rangnick, pero que, en mayor o menor medida, incorporan en su catálogo de juego aspectos distintivos de la nueva escuela alemana de fútbol. Seguramente el nombre más interesante en este conjunto sea el de Domenico Tedesco, compañero de promoción de Julian Nagelsmann. De hecho, Tedesco fue el único de la clase que se graduó con mejor nota que el entrenador del Bayern. Experimentó la liga rusa con el Spartak, como Sandro Schwarz, de quien ya hemos hablado en el capítulo de Klopp y que estuvo en el Dinamo.

André Breitenreiter, que hizo campeón de Suiza al Zúrich más de una década después o Daniel Farke, que se labró una gran trayectoria empezando en Sexta División con el Lippstadt —equipo de la ciudad natal de Karl-Heinz Rummenigge—, son otros entrenadores atractivos. Claro que también están los que ya son figuras icónicas de la Bundesliga, como Christian Streich —toda una vida en Friburgo— o el carismático Steffen Baumgart.

PARTE
SOCIOCULTURAL

CAPÍTULO 13

50+1 Y CLUBES DE LA GENTE

Los clubes de la Bundesliga son de la gente, y eso que parece una obviedad (o que como mínimo lo era hace un tiempo) no ocurre en las otras grandes ligas europeas. Lo son en el fondo y en la forma. En la forma por su singularidad jurídica blindada con la regla del 50+1 y, en el fondo, por el sinfín iniciativas y actividades que sitúan al socio y al aficionado en el centro de la acción del fútbol alemán y de sus entidades.

RFA – Chile, en 1974, Olympiastadion, Berlin (© Neil Leiger SportsIllustrated)

Empecemos por la forma. ¿Qué es, exactamente, la regla del 50+1? La página web de la propia Bundesliga lo describe así:

> La Regla 50+1 es un término informal usado para referirse a una cláusula en las regulaciones de la Liga de Fútbol Alemán (DFL). Dicha cláusula establece que, para obtener una licencia para competir en la Bundesliga, un club debe tener la mayoría de sus propios derechos de voto. Dicho de otra manera, el 50% +1 voto tiene que estar en manos del club y sus socios. Para una liga con una tradición de membresía tan a flor de piel, es un punto trascendental.

Bayern, Schalke, Dortmund, Colonia, Eintracht Frankfurt, Borussia Mönchengladbach, Hamburgo y Stuttgart son algunos de los clubes con más militancia, no solo de Alemania, sino del mundo. Entre estas entidades suman más de un millón de socios.

Así, pues, los clubes pueden convertir sus secciones de fútbol en compañías. Éstas, sin embargo, siempre deberán estar controladas por los socios de la entidad, del club. Se permite la inversión externa, pero hasta ciertos límites. De esta manera, los miembros mantienen el control general de los clubes y las grandes fortunas u oligarcas no pueden comprarlos como si de sus juguetes se tratara. La página de la Bundesliga sitúa el contexto histórico de la regla:

> Antes de 1998, los clubes de fútbol en Alemania eran propiedad exclusiva de las asociaciones de miembros. Esto significaba que los clubes se administraban como organizaciones sin fines de lucro, y no se permitía la propiedad privada bajo ninguna circunstancia. Esto cambió después de una decisión de la Federación Alemana de Fútbol (DFB) en octubre de 1998, que permitió a los clubes convertir sus equipos de

fútbol en sociedades anónimas públicas o privadas, abriendo la posibilidad a mejorar la parte financiera.

LAS EXCEPCIONES

En los casos en que una persona o compañía haya financiado sustancialmente un club por un período continuo de al menos 20 años, existe la posibilidad de que dicho inversionista pueda acceder a contar con una participación mayoritaria en el club. Dos casos renombrados son el Bayer 04 Leverkusen y el VfL Wolfsburg, cuyos principales patrocinadores están atados a la mismísima historia de los clubes.

En este sentido, el TSG 1899 Hoffenheim de Dietmar Hopp también contempla un estatus especial. Como ocurre con el RB Leipzig. Hecha la ley, hecha la trampa. El club del este del país compró a un equipo de la Quinta División, fuera de la regulación que aplica en el fútbol profesional. Cada caso es un mundo y podría desarrollarse en un libro dedicado a ello. De todos modos, es importante saber que estas cuatro entidades son las más odiadas en Alemania. Como mínimo entre los aficionados más pasionales y fieles son vistos como clubes de plástico. A ojos de muchos, no poseen la tradición ni el carácter popular tan apreciado en el fútbol germánico.

EL DEBATE

El reinado del Bayern en la Bundesliga y, sobre todo, la sensación que en otras competiciones juegan con ventajas financieras ha acrecentado el debate acerca de la necesidad, o no, de modificar o directamente abolir la regla del 50+1. Las voces más críticas con la reglamentación argumentan que en la Premier League inglesa u otras ligas tienen más posibilidades económicas, lo que redunda en la capacidad de inversión para mejorar las plantillas con fichajes y sueldos altos. Este factor es visto, por esta corriente de opinión, como un obstáculo a la competitividad internacional de los clubes alemanes. Incluso el Bayern, que en principio no necesitaría modificar nada porque domina a nivel local y compite en la Champions,

es partidario de que cada club sea libre de hacer lo que quiera con su modelo societario.

En cambio, la voz de las agrupaciones de aficionados defiende a capa y espada el modelo actual y la permanencia del 50+1. Para ellos es más importante sentir y comprobar cada día que el club es suyo, que es de la gente. Si se gana, mejor. Si no, el sentimiento de pertenencia y la pasión son alimento suficiente para disfrutar del fútbol y ser felices en sus clubes.

PODER POPULAR

El entusiasmo y el poder popular son principios inherentes al fútbol alemán. Basta con ver el ambiente y los estadios llenos en cada partido —la gente va a ver y a animar a su equipo, no en función del cartel del rival de turno—, los espectaculares tifos y mosaicos que preparan todas las aficiones —financiados por ellos mismos y no como ocurre en otros países, donde los clubes encargan auténticos, y despersonalizados, monumentos al mal gusto a la empresa de turno—, los desplazamientos en masa para seguir a sus equipos a la otra punta del país o del continente —esto es algo que puedes ver incluso en Tercera División o categorías regionales, con miles de aficionados que acompañan a sus jugadores—, etc.

Es muy importante entender que para los equipos alemanes su gente es el centro de acción sobre el que pivota toda la actividad del club. La DFL, a pesar de algunos intentos de estandarizar el campeonato a las otras grandes ligas europeas, normalmente termina sucumbiendo ante el vigor de los aficionados. Lo hemos visto, por ejemplo, con la supresión del partido de los lunes. En la Bundesliga los precios de las entradas son populares y los horarios están pensados para el público local. El grueso de la jornada el sábado a las 15:30 h es sagrado. Esto te permite viajar lejos con tu equipo y, si lo quieres, volver a tu ciudad incluso el mismo sábado. Se juega para la gente y no para tener unos cuantos *views* o *likes* de más en algún mercado lejano de especial interés. Evidentemente, esta concepción del deporte juega en contra del negocio y de su mercantilización, pero resulta que el fútbol en Alemania todavía no es un producto vacío de contenido. Resulta que los aficionados son tratados como tal, y no como clientes. El fútbol en Alemania es el sentir y la pasión de su gente.

Entrenamientos a puertas abiertas, actividades y reuniones de los jugadores y directivos con los fans, grupos de seguidores que cultivan la memoria histórica y la cultura alrededor del balón... los clubes y las aficiones de la Bundesliga son conscientes que el fútbol es un fenómeno social de primera magnitud y que, como tal, no se puede desproveer de aquello que lo ha elevado a esta dimensión.

UN MERCADO RAZONABLE

Así las cosas, fruto del 50+1, pero también de la organización y de la tradicional sensatez de los alemanes en cuanto a política económica se refiere, el mercado de fichajes en la Bundesliga acostumbra a ser menos deslumbrante que en otros países. Para empezar, se establece que la hora límite en el día del cierre será por la tarde —habitualmente a las 18:00 h—. En otras ligas, es muy normal ver prisas y nervios cuando se aproximan las doce de la noche: contratos que no entran, documentos que no terminan de estar bien redactados o incluso faxes que no funcionan... cuando esto ocurre, en Alemania ya han bajado la persiana hace horas.

Asimismo, las cantidades que se invierten en el mercado también revelan diferencias notables. Mientras en Inglaterra, España e Italia es tradicional fichar a futbolistas por cifras astronómicas de dinero, en Alemania es *rara avis*. El fichaje más caro en la historia de la Bundesliga fue el de Lucas Hernández por el Bayern, procedente del Atlético, por 80 millones de euros. Después aparecen Matthijs de Ligt (67 M€) y Leroy Sané (60 M€), también del Bayern. Luego, según datos de Transfermarkt, ya hay que ir a buscar jugadores en la horquilla que va de los 30 M€ a los 43 M€ (Julian Draxler al Wolfsburgo).

En total, pues, entre los 100 fichajes más caros de la historia del fútbol, solo tres fueron de futbolistas que firmaron por clubes alemanes (los tres por el Bayern). La clasificación de este *top* 100 es la siguiente: Premier League (54), LaLiga (24), Serie A (9), Ligue 1 (7),

la Superliga de China (3), Bundesliga (3). Así las cosas, el 54% de los fichajes más caros de la historia fueron obra de equipos ingleses, el 24% de clubes españoles y solo el 3% por parte de equipos de la Bundesliga o, más concretamente, el Bayern.

Si nos fijamos en el desembolso durante el decenio 2013-2022, veremos que las cantidades que se mueven en la Premier League son escandalosas: los clubes de la Primera División inglesa gastaron más de 16 000 millones en fichajes (según Transfermarkt), aproximadamente el triple que los alemanes y casi el doble que los equipos de la Serie A italiana. Hacer la comparación mirando con lupa alguno de estos mercados, todavía lo hace más sangrante. En verano de 2022, por ejemplo, el gran campeón alemán, el Bayern, fichó a Sadio Mané, Matthijs de Ligt, Ryan Gravenberch, Noussair Mazraoui (libre) y Mathys Tel. En total, 137,50 millones de euros. Pues bien, el Nottingham Forest, recién ascendido a la Premier League, gastó casi 25 millones más. El West Ham, equipo de Conference League, unos 45 millones más. Incluso el Wolverhampton, que no disputaba competición europea, desembolsó una cantidad parecida al Bayern. El gasto neto de estos clubes (descontando lo que ingresaron en traspasos), fue todavía más exagerado: El Bayern presentó un balance de -33 millones de euros, el del Nottingham Forest fue de -155, el del West Ham de -164 y el del Wolverhampton de -80.

El Bayern fichó a Mané, con un valor de mercado que en aquel momento era de 70 M€, según Transfermarkt, por 32 M€. El Nottingham Forest, que durante la ventana incorporó la friolera de 21 futbolistas para celebrar su retorno a la máxima categoría del fútbol inglés, contrató, entre otros, a Gibbs-White (valor de mercado de 11 M€) por 30 M€. Evidentemente lo hizo pensando en el potencial máximo que podría adquirir el joven futbolista, pero no deja de ser obvio que en la Premier League se sobrepaga, mientras que en la Bundesliga sigue imperando cierta cautela (incluso en el club con más posibilidades económicas).

¿Podría la liga alemana, en su conjunto y no solo el Bayern, aspirar al éxito internacional de su homóloga inglesa si se aboliera la regla del 50+1? Las consideraciones previas indican que sería un campeonato muy atractivo para la inversión externa: clubes históricos, estadios modernos y de gran capacidad, infraestructuras de primer nivel, ciudades con gran potencial económico, etc. En realidad, es probable que no tenga sentido plantearse esta cuestión mientras el poder de las aficiones en Alemania sea de tal magnitud.

En cualquier caso, viendo la experiencia de clubes que están en manos de grandes fortunas en otros países de Europa, más allá de Inglaterra, parece claro que la conversión total a sociedad anónima tampoco garantiza ni buena gestión ni más oportunidades competitivas. Alemania sigue su camino.

CAPÍTULO 14

EL CAMINO DEL BAYERN

A finales de 2022 eran 32 campeonatos de Alemania, 20 Copas DFB, 10 Supercopas, 6 copas de la liga (el torneo ya no existe), 6 Copas de Europa, 4 veces campeón del mundo (2 Intercontinentales y 2 Mundiales de Clubes), 2 Supercopas de Europa, 1 Copa de la UEFA y 1 Recopa. El palmarés del Bayern es formidable, completo (el único club del continente, junto al Manchester United*, que ha ganado todos los títulos oficiales organizados por la UEFA/FIFA en los que ha participado) y también legendario, aderezado de gestas como las tres Copas de Europa consecutivas, las diez Bundesligas seguidas, los dos tripletes, el sextete de títulos del 2020 o el hecho de ser el único club que ha conseguido ganar una competición europea con pleno de victorias**.

*El Manchester United no ganó la antigua edición de la Copa de la UEFA (aunque participó en ella seis veces), pero sí la competición con su actual denominación; UEFA Europa League.

**Copa de Europa/Champions League, Copa de la UEFA/Europa League, Copa de Ferias y Recopa de Europa.

El Bayern goza de una fantástica colección de títulos, magníficos y carismáticos jugadores que han vestido su camiseta y el mito que

envuelve al club. Pero, más allá de esto, la entidad ha destacado también por ser una institución bien dirigida en los despachos.

ROBERT SCHWAN

Realmente, el club alemán empezó a edificar su grandeza cuando no fue admitido en la primera edición de la Bundesliga, que en el año 1963 creaba una competición liguera de alcance nacional para dejar atrás el antiguo formato de torneos regionales. Pronto el Bayern contrataría a Robert Schwan, que se convertiría en el primer mánager profesional a tiempo completo del fútbol alemán. Schwan, con la ayuda de directivos como Walter Fembeck, se erigió en el arquitecto de un equipo que reclutó a los mejores talentos de Múnich y Baviera. El Bayern subiría a la Bundesliga en el año 1965. El resto es historia. El equipo de unos juveniles Maier, Beckenbauer y Müller terminaría reinando en Alemania y Europa a lo largo de la siguiente década (ver capítulo 3 del libro). Al final de la misma, año 1979, llegaría otro punto de inflexión.

Robert Schwan (© Ferdi Hartung-ullstein)

ULI HOENESS

Uli Hoeness tuvo que dejarlo a los 27 años por culpa de una lesión en la rodilla. Ya lo había ganado todo como jugador, con el Bayern y la selección alemana, pero a partir de entonces dedicaría su vida a esculpir la imagen de lo que hoy en día es el club. Ya antes de retirarse había negociado patrocinios y, una vez colgadas las botas en 1979, se convirtió en el mánager más joven en la historia de la Bundesliga. Visionario como pocos, enseguida supo dar otra dimensión al club. Inspirado por el *merchandising* de los deportes profesionales en los Estados Unidos, Hoeness introdujo esta área de negocio buscando alternativas a los ingresos que provenían de la venta de entradas (aproximadamente un 85% del total por aquel entonces). Hoy, el club ha llegado a ingresar más de cien millones al año en productos oficiales. Además, según la edición de la Deloitte Football Money League (2022), el Bayern se consolidó como el primer club del mundo en cuanto a ingresos comerciales (345,2 M€) y el tercero en el total de ingresos (tras Manchester City y Real Madrid) a pesar de la distancia que existe entre los clubes alemanes y los grandes de LaLiga o los conjuntos de la Premier League en lo referente a las ganancias por derechos de televisión.

Hoeness, en la izquierda, manager en 1979 (© Werner OTTO-ullstein)

Cuando Hoeness asumió el cargo de mánager, el Bayern facturaba unos doce millones de marcos anuales y tenía una deuda acumulada de siete millones. Ya a mediados de los ochenta, con el traspaso de Karl-Heinz Rummenigge al Inter, saneó las cuentas del club. Curiosamente, años más tarde fue precisamente junto a Kalle con quien ejercería un liderazgo bicéfalo. El primero, Hoeness, ya como presidente del club y el segundo, Rummenigge, como director ejecutivo de la sociedad (enseguida nos adentraremos en el modelo societario del Bayern).

Es cierto que también otras leyendas del Bayern, como Franz Beckenbauer, han presidido el club o han tenido su papel en el desarrollo de la institución, pero seguramente nadie como Uli Hoeness ha configurado el rostro de la entidad alemana. Quiso convertir al Bayern en un club global, sin perder de vista sus raíces en Múnich y Baviera, y encontró el camino para dar forma a su viejo sueño.

Hoeness siempre dice, mirando atrás, que casi no cambiaría nada de su recorrido vital; únicamente quisiera deshacer el episodio de los impuestos, cuando fue condenado a tres años y medio de cárcel por fraude fiscal, un delito cometido en el ámbito personal y que no tuvo relación alguna con su trabajo en el Bayern. Una vez ya retirado de la presidencia, aunque todavía con cargo en el consejo de vigilancia, en una entrevista con la web del club sentenciaba: "Una cosa sí puedo decir: siempre he intentado dar todo lo que tenía en mi cabeza y en mi cuerpo para llevar al FC Bayern a donde está hoy. Y si alguien ataca a este club, siempre estaré allí".

En realidad, pues, ya son más de 50 años de Uli Hoeness en el Bayern. Desde 1970 como jugador y luego, a partir de 1979, con distintos cargos a nivel directivo. Hemos dicho que Hoeness actualmente forma parte del consejo de vigilancia (el Aufsichtsrat), pero ¿exactamente de qué estamos hablando?, ¿Cómo se organiza la estructura societaria y directiva del Bayern?

EL MODELO SOCIETARIO DEL BAYERN

El Bayern es el club deportivo más grande del mundo en número de socios, cerca de 300 000, pero permite cierta presencia externa (lo que en su momento supuso una inyección económica y ahora profesionaliza la toma de decisiones). En el fútbol alemán prima la ley del 50+1; como hemos explicado en el primer capítulo de la parte sociocultural, los clubes pueden constituir su sección de fútbol profesional en una sociedad, pero esta siempre deberá estar controlada por los socios (50% + una acción). El Bayern, por estatutos, sube el listón y dice: nosotros lo establecemos al 70%. De modo que el Bayern Club (eV) constituye una sociedad (AG) en el año 2001. Esta, por ley del fútbol alemán, siempre deberá estar controlada por los socios al 50% + 1. Por estatutos del Bayern, los socios siempre tendrán, al menos, el 70% de la sociedad (ahora es el 75%). Así, pues, en 2002, Adidas paga 77 M€ y compra el 10% de la sociedad (AG). En 2011, Audi completa su entrada en el accionariado pagando 90 M€. Finalmente, en 2014 entra Allianz invirtiendo 110 M€ y se produce una reestructuración del pastel de la sociedad de forma que queda como está ahora; el FC Bayern München eV —el club, los socios—, un 75%. Adidas, Audi y Allianz, un 8,33% para cada uno. La sociedad FC Bayern München AG tiene dos organismos. Uno de gestión y otro de control:

- Vorstand (directiva): gestiona el día a día y marca la estrategia. Oliver Kahn es el CEO, Hasan Salihamidzic el directivo de deportes, Jan-Christian Dreesen el director financiero (sustituido por Michael Diederich en verano de 2023) y Andreas Jung, el responsable de patrocinios y *marketing*.

- Aufsichtsrat (consejo de vigilancia): controla que la gestión sea responsable. Por ejemplo; “¿Podemos pagar 40 M€ por Javi Martínez sin pedir créditos?”. Este organismo está formado por 9 personas: Herbert Hainer (presidente del club, FC Bayern München eV), un vicepresidente del club que en este caso es Dieter Mayer, Uli Hoeness (como presidente de honor), Edmund Stoiber (exministro-presidente de Baviera) y un máximo directivo de Adidas, Audi, Allianz, Telekom y UniCredit Bank.

Al final, el órgano supremo de decisión es la asamblea anual de socios (JHV). Cualquier socio con más de un año de antigüedad puede asistir y votar las propuestas y mociones que corresponda. La asamblea también decide si se puede rebajar el 70% de la propiedad de la AG en manos de los socios (se debería aprobar el cambio con el voto a favor de 3/4 partes de la asamblea) o si un único socio externo (Adidas, Audi, Allianz o quien sea) puede tener en sus manos más del 20% de la sociedad (AG).

Las asambleas pueden llegar a ser muy calientes, como la de 2021, cuando por una cuestión jurídica no se sometió a voto una moción de un grupo de socios que pedía no renovar el acuerdo de patrocinio con Qatar Airways. Los miembros abuchearon a la directiva y alargaron la asamblea por su cuenta para debatir el tema. A la mañana siguiente, todos los socios ya tenían en su correo electrónico una carta del presidente, Herbert Hainer, pidiendo disculpas y asegurando que la cuestión del patrocinio con Qatar Airways sería debatida como corresponde.

LOS FRUTOS DEL MODELO

Sea como fuere, este modelo societario ha dado una estabilidad económica muy importante al Bayern, que se traduce en aspectos concretos como el hecho de ser un club libre de deuda o capaz de cerrar con beneficios los tres años marcados por la pandemia. El Bayern también pudo finiquitar el crédito que pidió a veinticinco años vista para construir el Allianz Arena en poco más de nueve años. Más recientemente, también durante la presidencia de Uli Hoeness, el club edificó su Campus para la cantera y financió los más de 70 M€ que costó con las cuotas de los socios.

"No queremos comprar títulos con montañas de deudas", se escucha a menudo en el club. Ciertamente, el Bayern ha sido capaz de armonizar sostenibilidad económica con éxito deportivo como ninguna otra entidad en Europa. El club, que ha ganado dos tripletes en la última década, entre otros muchos títulos, ha sabido hacerlo garantizando su salud financiera y sin grandes excentricidades en el mercado. En la década 2011-2020, el Bayern no está ni en el *top* 10 de equipos con más inversión neta en fichajes. El club muniqués fue el undécimo con más gasto durante el citado lapso y solo el decimoséptimo en el último lustro. A pesar de esto, lideró el coeficiente UEFA, el barómetro que fija el mérito deportivo en este mismo periodo de cinco años.

Los nuevos dirigentes de la entidad, otro mito del club como Oliver Kahn (sucesor de Rummenigge) y Herbert Hainer (relevo de Hoeness), tienen la intención de seguir la senda ya trazada; perseguir el máximo éxito deportivo, pero siempre dentro de unos parámetros económicos saludables para la institución. De hecho, los directivos ya llevan muchos años abogando por un cambio de reglamentación que permita marcar ciertos límites a las cantidades que se invierten en fichajes, a los salarios de los futbolistas y, también, a las comisiones de sus agentes. Este es el camino del Bayern.

Kahn (© Panini)

EPÍLOGO

LA ALEMANIA DE FLICK EN QATAR 2022

La selección alemana nunca ha caído en una fase de grupos inicial de la Copa del Mundo. Esta sentencia servía hasta 2018, cuando el equipo entonces dirigido por Joachim Löw, vigente campeón del mundo, no pasó de grupos en Rusia. Su sucesor en el cargo, Hansi Flick, que levantó el Mundial como asistente de Löw en Brasil 2014, llegaba para dirigir a Alemania después de su exitoso año y medio en el Bayern, donde conquistó el sextete de títulos de 2020.

LA HECATOMBE

La selección alemana ha caído dos veces seguidas en la fase de grupos inicial de la Copa del Mundo, puede leerse ahora. Y es que el combinado dirigido por Hansi Flick no pudo, en Qatar, mejorar el último resultado de su antecesor en el Mundial. Hablando de Alemania, esta realidad supone un descalabro histórico. La selección germánica ha jugado como mínimo semifinales en 13 de los 20 Mundiales que ha disputado. Tropezar en la fase de grupos de los dos últimos campeonatos no es lo que se espera de Alemania. Cierto es que la Copa del Mundo, como torneo corto que es, ofrece las mejores condiciones para que se exprese el azar y la incerti-

dumbre. Son aspectos estrechamente vinculados al fútbol y que el entrenador trata de minimizar. Es más fácil lograrlo en torneos o campeonatos donde prima la regularidad.

Alemania fue la selección con más tiros a puerta y goles esperados (xG) en la fase de grupos de Qatar 2022, lo que a simple vista demuestra dos cosas: la falta de puntería de los jugadores de Flick y la poca importancia, por no decir nula, que tienen muchas de las estadísticas que se utilizan en el fútbol. El Big Data, al final, podría convertirse perfectamente en el disfraz de aquellos que son incapaces de ver o entender lo que ocurre en un campo de fútbol. Un mapa de calor por aquí, una métrica avanzada por allá y ya soy un experto en fútbol...

En cualquier caso, la selección alemana llegó, chutó, generó y pudo marcar muchos más goles. De nada sirvió porque volvía a ausentarse de la ronda de octavos de final. Fue un palo mayúsculo y, a pesar de ello, la DFB renovó la confianza en Hansi Flick, que siguió en el cargo con la vista puesta en la Eurocopa de 2024 en casa, en Alemania. No ocurrió lo mismo con Oliver Bierhoff, manager de la selección desde 2004 y uno de los arquitectos del proyecto deportivo durante las primeras décadas del siglo. Bierhoff, además, fue alma mater del DFB-Campus. Oficialmente, dimitió antes de saber si la federación tenía pensado destituirle. Además, la DFB estableció un grupo de trabajo sobre el futuro deportivo de la selección absoluta masculina. Bajo la dirección del presidente de la DFB, Bernd Neuendorf, y de su vicepresidente, Hans-Joachim Watzke, Oliver Kahn, Oliver Mintzlaff, Karl-Heinz Rummenigge, Matthias Sammer y Rudi Völler formaron esta mesa de expertos. La asesoría externa debía aportar ideas sobre los pasos a seguir.

La federación alemana pues, que solo ha tenido once seleccionadores a lo largo de su historia, siguió confiando en Flick (llevaba poco más de un año en el cargo y 16 partidos dirigidos en el momento de empezar el Mundial) pero apostó por sumar voces de peso que pudieran ayudar a trazar el camino.

VOLVER A LOS BÁSICOS

"Tenemos que ser mejores en el desarrollo de los jugadores. Hace años que pedimos a gritos un número '9' y laterales fuertes. La defensa ha distinguido al fútbol alemán durante muchos años. Tenemos que volver a los básicos", dijo Hansi Flick valorando la prematura eliminación de su equipo en Qatar.

Ciertamente, en la convocatoria de Alemania para el Mundial de Qatar no había un '9' de renombre internacional ni laterales de clase mundial: Niclas Füllkrug, delantero del Werder Bremen, recibió el premio a su buen momento con el club del norte. Y rindió. Marcó dos goles y jugó a buen nivel. Pero Niclas Füllkrug no es Gerd Müller, ni Uwe Seeler, ni siquiera Horst Hrubesch... los laterales de la lista de Flick (Klostermann, Kehrer, Raum, Günter...) estaban lejos de la élite internacional. Así las cosas, se empezó con Süle de lateral derecho. Ante Japón, esto permitió cerrar con tres (Süle-Rüdiger-Schlotterbeck) y dar vuelo a Raum en la izquierda. El jugador del RB Leipzig percutió constantemente por su sector y encontró espacios muy aprovechables. Alemania jugaba y atraía por dentro con Kimmich, Gündogan y Musiala. Luego, buscaba la amplitud y profundidad que ofrecía Raum en la izquierda.

Contra Japón, el equipo de Flick jugó una buena primera parte e incluso siguió dominando en los primeros compases de la segunda mitad. Se adelantó con un gol de penalti provocado por Raum y tuvo ocasiones claras para marcar el segundo. El tanto no llegó y sí lo hicieron, en cambio, las sustituciones. Las de Japón mejoraron el juego del conjunto asiático. Las de Alemania terminaron con el equipo perdiendo el hilo del partido.

En los últimos veinte minutos, el combinado teutón no supo amansar la briosa propuesta japonesa. Dinámicos y agresivos, los jugadores del combinado asiático abrieron las costuras del equipo alemán. Ya sin secuencias largas y con intención en los momentos con balón, el equipo de Flick no pudo hundir a su rival hacia su propia área. A todo eso, se sumaron tremendos errores individuales que facilitaron la remontada japonesa. La jugada del 2-1 es paradigmática de ello. Quizás por acciones como esta, donde Süle

rompió el fuera de juego por falta de tensión y Schlotterbeck estuvo tierno en el uno contra uno, Flick pediría después recuperar la tradicional fortaleza defensiva.

LA VENTAJA QUE NO PUDO EXPLORARSE

Jamal Musiala y Leroy Sané eran los jugadores con más talento diferencial de la plantilla. Su velocidad dinámica y agilidad (de movimientos y mental), y la calidad técnica de sus gestos invitaban a construir estructuras pensadas para explorar esta ventaja. Ambos jugadores tienen capacidad para encontrar soluciones en espacios reducidos, pero el colectivo podía ayudar ofreciendo todavía más espacio y tiempo. Esto pasaba por ser un equipo ancho y profundo, pero no para ganar simplemente con la fijación de los extremos o la profundidad de los laterales, sino para atraer al rival, ensanchar sus líneas y que todo ello desembocara en la creación de más espacios, y tiempo, en la zona del '10', donde las recepciones con posterior giro de Musiala y Sané podían marcar la diferencia.

A la hora de la verdad, Leroy Sané llegó al Mundial con problemas en la rodilla y se perdió el primer partido. Entró en el segundo, contra España, para jugar los últimos veinte minutos. Seguramente fueron los mejores de Alemania en el torneo. El equipo de Flick encontró una dinámica superior, empató el encuentro y pudo ganarlo. Musiala y Sané se apoderaron del duelo con su capacidad para recibir entre líneas y acelerar el juego.

El 1-1, sobre todo después del primer tropiezo contra Japón, no fue suficiente. El tercer partido de la fase de grupos, ante Costa Rica, llegaba ya muy condicionado por lo que ocurriera en el otro encuentro (España-Japón). La remontada del conjunto asiático en la segunda mitad hizo que el 4-2 de Alemania ante Costa Rica resultara estéril. El equipo de Flick fue claramente superior a un rival con poquísimos argumentos. A pesar de ello, el conjunto centroamericano llegó a ponerse por delante en el marcador. Fue en un momento del partido que estuvo marcado por las noticias que llegaban del España-Japón (con los dos goles seguidos del equipo nipón).

Al final Alemania volteó el resultado con comodidad, pero fue en vano. Por segunda vez consecutiva, el equipo teutón caía en la fase de grupos de una Copa del Mundo. A pesar de la eliminación y de no marcar ni un solo gol (topó con la madera en más de una ocasión), Jamal Musiala exhibió su formidable potencial a ojos del mundo entero. El joven futbolista, que todavía tenía 19 años en el momento del campeonato, impresionó con un repertorio exquisito de gestos técnicos (controles, fintas, regates...), con la facilidad para recibir entre líneas y con su determinación en el último tercio. Talento a raudales. La electricidad que tiene en las piernas y los pies (los mueve a tremenda velocidad), no va en detrimento de unas capacidades coordinativas fascinantes. Jamal Musiala fue la mejor noticia de Alemania en el Mundial, quizás la única buena.

¿QUÉ ENTENDEMOS POR 'LOS BÁSICOS'?

Retomemos la conclusión de Flick después del torneo: "Tenemos que volver a los básicos". El seleccionar alemán pedía cuidar la formación de delanteros centros y laterales y, además, recuperar la fortaleza defensiva. En realidad, podemos entender el fútbol como un continuum de situaciones que se van entrelazando. En ellas, las interacciones entre los jugadores dictan el desarrollo del juego. Si así fuera, resulta complicado lo de separar defensa y ataque. Se trata de jugar mejor. Es muy probable que si atacas bien también seas capaz de defender mejor.

Por ejemplo, la Alemania campeona de Europa en el 72', una selección prodigiosa, atacaba (jugaba) con una harmonía de movimientos y de recursos deslumbrante. Ganó el campeonato encajando solo 4 goles en 10 partidos. ¿Defensa férrea? No, un equipo que jugaba al fútbol de maravilla. Y sí, aquel conjunto tenía a uno de los mejores '9' de siempre, Gerd Müller (que era mucho más que un '9', como hemos visto en el libro), y a laterales de primer nivel, como reclama Flick (sobre todo Breitner). Los defensas, Beckenbauer y Schwarzenbeck, defendían y atacaban... jugaban muy bien porqué eran muy buenos. El primero dibujando paredes o dulces toques con el exterior. El otro atravesando líneas con portentosas conducciones. Además, estaba Netzer para ser motor de

todo, o jugadores de banda que entendían el juego, como Hoeness o Grabowski. Está claro que, con buenos jugadores, magníficos en este caso, todo es más fácil.

El tiempo nos dirá a qué básicos quería volver Hansi Flick. En cualquier caso, el fútbol de agresivas presiones y feroces despliegues que se jugó en Europa durante buena parte de la década de 2010 e inicios de la de 2020 es de raíz alemana, y este estilo nos permitió disfrutar de algunos de los equipos más atractivos y ganadores de la época.

BIBLIOGRAFÍA

- fck.*de,* dfb.de, fcbayern.de, The Tactical Room, 11 Freunde, Marca.com, Revista *Líbero*, *Panenka*, BBC News, manutd.com, The Coaches' Voice, *El País*, Transfermarkt.de, dfb-akademie.de, Magazín UEFA Champions League, *Pep Guardiola. La metamorfosis* de Martí Perarnau, The Athletic, Bild, ibenedetti.com.

SOBRE EL AUTOR

MARC MAYOLA

Marc Mayola Huguet es periodista deportivo. Desde 2013 comenta y analiza fútbol en distintos medios españoles: los partidos del FC Barcelona en TV3, los del RCD Espanyol en Catalunya Radio y competiciones internacionales en Movistar+. Comenta encuentros de Champions League (incluida la final de Lisboa 2020 entre Bayern y PSG), Europa League, Conference League, CONCACAF Champions League, Serie A, Ligue 1 o DFB-Pokal y, además, también fue parte, en diversos medios, de equipos de comentaristas y analistas de las Copas del Mundo Brasil 2014, Rusia 2018 y Qatar 2022.

www.ingramcontent.com/pod-product-compliance
Ingram Content Group UK Ltd.
Pitfield, Milton Keynes, MK11 3LW, UK
UKHW062302290726
14090UKWH00017B/839

9 789878 943626